VORWORT VON JAMIE OLIVER

Es ist mir ein großes Vergnügen, das Vorwort zu diesem wunderbaren Buch zu schreiben und Sie mit Georgie Hayden bekanntzumachen, einer bezaubernden, temperamentvollen griechischen Zypriotin. Sie kocht fantastisch – mit Sorgfalt, Zurückhaltung und gutem Geschmack.

Vor allem aber schreibt sie super-gewissenhafte Rezepte, die garantiert immer gelingen.

Ich kann das beurteilen, denn Georgie arbeitet seit mehr als zehn Jahren für mich. Ich kann mich noch gut erinnern, wie dieses Energiebündel zum ersten Mal unser Büro betrat und darauf brannte, gleich loszulegen. Und heute weiß ich: Ihre bloße Anwesenheit genügt, um sich besser zu fühlen. Vielleicht ahnen Sie jetzt, welches Vergnügen Sie mit diesen Rezepten erwartet.

Mit diesem Buch ist Georgie etwas Einzigartiges gelungen. Sie zeigt uns hier, was das Kochen für uns bedeuten kann. Die Zubereitung einer Mahlzeit kann uns entspannen und uns neue Energie geben, heilsam und beruhigend wirken – oder wie Georgie so gern sagt, uns wieder auf die Beine bringen und uns neue Lebenskraft verleihen. Das bringt sie nicht nur in ihrer Einführung zu diesem Buch sehr schön zum Ausdruck, sondern auch in den kurzen Texten, die den einzelnen Kapiteln vorangestellt sind und die einen Vorgeschmack auf ihre Rezepte geben.

Nur wenige beschäftigen sich mit diesem Aspekt des Kochens, und das ist schade. Denn das richtige Essen kann uns helfen, einen schlechten Tag zu überstehen oder einen guten Tag zu feiern. Mit Liebe und Sorgfalt Zutaten auszuwählen, sie mit einer gewissen Neugier und der Zuversicht zu komponieren, dass daraus ein herrliches, selbst gekochtes Gericht entsteht und es im Idealfall auch noch mit Menschen zu teilen, die man liebt – das ist durch nichts zu ersetzen. Und darum dreht sich letzten Endes alles beim Kochen, dafür stellen wir uns in die Küche, schälen und schnippeln, kneten, rühren und schlagen, backen und braten.

Georgie, ich liebe dich wie eine Schwester (und Jools würde dich am liebsten heiraten!). Ich bin sehr stolz darauf, was dir mit diesem großartigen Buch gelungen ist. Ich bin beeindruckt und hingerissen, wie schön es geworden ist, und deine Texte und Rezepte sind eine Inspiration für mich. Ich kann es kaum erwarten, ein Exemplar in mein Küchenregal zu stellen.

Für Peter und Archimedes.
Meine Jungs, mein Alles.

Und dies ist das Wunder, das die Sterne in ihren Bahnen hält.
Ich trage Dein Herz. Ich trage es in meinem Herzen.

E. E. Cummings

GEORGINA HAYDEN

FEEL

Ein Kochbuch für alle, die das Kochen lieben

GOOD KITCHEN

DK

INHALT

EINFÜHRUNG

Meine frühesten Erinnerungen haben mit Essen zu tun.

Das ist so überraschend nicht, habe ich doch meine ersten fünf Lebensjahre – und später die meisten Wochenenden – über dem Restaurant meiner Großeltern in Tufnell Park verbracht, einer traditionellen griechisch-zypriotischen Taverne, die viele Jahre der Lebensmittelpunkt meiner Familie war. Als Kinder halfen meine Schwester und ich beim Auspalen der Erbsen, füllten die Salz- und Pfefferstreuer auf und sorgten manchmal auch für Chaos, während meine Großeltern in der Küche arbeiteten. Meine kulinarischen Erinnerungen reichen bis in meine allerfrüheste Kindheit zurück, und ich muss immer wieder staunen, wie lebendig sie noch sind. So erinnere ich mich, dass meine Mutter und meine Schwester mich im Kinderwagen mit in »den duftenden Laden« nahmen, ein herrliches italienisches Feinkostgeschäft, gleich um die Ecke von unserem Restaurant. Überall hingen dort Salamis und Schinken, und samstags kauften wir regelmäßig dort ein. Wenn man den bunt gestreiften Plastikvorhang am Eingang durchschritten hatte, schlugen einem atemberaubende Düfte entgegen – Focaccia, Olivenöl, Parmesan, Parmaschinken – herrlich!

Die Familie stand bei uns, wie bei den griechischen Zyprioten üblich, stets an erster Stelle. Mindestens einmal pro Woche versammelten sich drei Generationen um den Tisch. Und auch dazwischen fand sich immer ein Anlass für ein Treffen, ob das nun große Ereignisse wie das griechische Osterfest waren oder einfach nur ein Barbecue.

Was immer der Anlass war – und ist –, ein gutes Essen gehört dazu. Geburtstage verlangen nach Kuchen, Feste erfordern ein Festmahl, und wenn es jemandem nicht gut geht oder er nicht selbst für sich sorgen kann, werden gut gefüllte Tupperdosen überbracht.

Da das Essen in meiner Kindheit eine so wichtige Rolle spielte, ist es nicht erstaunlich, dass ich eines Tages auch beruflich damit zu tun haben sollte. Als Teenager habe ich im Norden von London einen Marktstand eröffnet, an dem ich Salate, selbst gebackenes Brot und hübsch dekorierte Kuchen verkaufte. Kurz darauf begann ich ein Kunststudium (ich wollte meine kreativen Fähigkeiten nicht nur an Torten erproben). Ich zeichne und fotografiere übrigens bis heute leidenschaftlich gern. Aber als es ernst wurde mit der Berufswahl, zog es mich doch wieder in die Küche. Und meine kreative Seite kommt dabei auch nicht zu kurz – vor allem jetzt, wo man der visuellen Präsentation der Speisen immer mehr Beachtung schenkt.

In den vergangenen zehn Jahren hatte ich das große Glück, im Team von Jamie Oliver mitarbeiten zu dürfen. Dort entwickle und schreibe ich Rezepte für Bücher, Zeitschriften, Fernsehsendungen und Werbekampagnen, und auch das Styling gehört zu meinen Aufgaben. Es macht ungeheuren Spaß, Neues auszuprobieren und sich Gerichte auszudenken. Doch – und das ist genauso wichtig – auf diese Weise habe ich auch viel darüber erfahren, wie und warum Menschen kochen. Ich finde es ungemein anregend, mich mit kulinarischen Traditionen zu beschäftigen, etwas über die Küchen anderer Kulturen zu lernen oder einfach nur zu sehen, was ein Leser mit einem bestimmten Rezept assoziiert.

Wie ein Gericht schmeckt und wie es aussieht, ist ohne Frage wichtig. Jedoch habe ich im Lauf der Jahre festgestellt, dass auch noch andere Kriterien eine Rolle spielen. Was das Essen wirklich zu etwas Lebendigem macht, das ist die Zubereitung und das – gemeinsame – Genießen.

Unser Restaurant war das beste Beispiel dafür, und die Speisen, die meine Großmutter kocht, schätze ich noch heute. Gewiss, es sind einfache Gerichte, aber genau das esse ich am liebsten.

Wir alle haben einen emotionalen Bezug zum Essen. Es weckt Erinnerungen, sorgt für Wohlbefinden und nicht selten bildet es einen Fixpunkt des Tages oder sogar des Lebens.

Die Mahlzeiten bieten eine willkommene Unterbrechung, sie geben uns Zeit zum Verschnaufen, zum Reden, zum Erholen und Auftanken. An Tagen, an denen ich sehr viel zu tun habe, muss ich mich zwar meistens mit einem schnellen Happen begnügen, was aber nicht bedeutet, dass ich nicht das Bedürfnis hätte, vernünftig zu essen. Dann gibt es wieder Tage, an denen möchte ich meine Küche am liebsten gar nicht verlassen. In diesem Buch geht es natürlich um die Speisen selbst und ihren Geschmack, ich wollte aber auch einfangen, was die Arbeit in der Küche für mich bedeutet: ihre Schönheit, meine Freude daran und dass sie mir ein gutes Gefühl gibt.

Flat peaches

Ob es in Ihrem Leben gerade super läuft oder ob Sie eine schwere Zeit durchmachen, essen müssen Sie in jedem Fall, und Essen kann viel bewirken. Das weiß ich aus eigener Erfahrung, denn vor ein paar Jahren war in meinem Leben und dem meines Mannes Pete nichts mehr wie vorher, als unser Sohn Archie nach einer völlig unkomplizierten Schwangerschaft kurz vor der Geburt starb. Es gibt Tage, da kommt es mir vor, als sei es gestern gewesen, und dann gibt es wieder Tage, da fühlt es sich an, als habe sich seitdem unendlich viel ereignet. Doch selbst in der ersten Zeit, als nichts mehr so zu sein schien wie früher, gab es eine Konstante. Und obwohl es das Letzte war, was uns gerade interessierte, mussten wir essen, um durch den Tag zu kommen.

Als Pete wieder zur Arbeit ging, kam er jeden Tag zum Mittagessen nach Hause, um nach mir zu sehen. Damals habe ich zum ersten Mal seit Archies Tod die Küche wieder betreten (bis dahin hatten uns Familie und Freunde mit Essen versorgt – etwas, das ich nie vergessen werde). Ich wollte Toast mit Rührei und Avocado machen. Etwas ganz Einfaches. Tatsächlich aßen wir im Grunde nur die Avocado, denn ich ließ den Toast anbrennen, und das Rührei misslang.

Danach wurde das Kochen zu einem wesentlichen Bestandteil meines Genesungsprozesses. Ich wollte mich auf etwas konzentrieren, das ich kontrollieren konnte – das Kochen war für mich eine Art Therapie. Ich beschloss, mir die Bücher aus meinem übervollen Regal noch einmal vorzunehmen und das Kochen noch einmal neu zu lernen. Sonntags suchte ich die Rezepte für die kommende Woche heraus und schrieb eine Einkaufsliste. Und was ursprünglich als Herausforderung begonnen hatte, als Mittel, um wieder zu einer Routine zu finden, half mir nun, mein Selbstvertrauen wieder aufzubauen und wurde zu einem Vergnügen.

Gute Zutaten einkaufen, in der Küche Entspannung finden, Trost auf dem Teller …

Es gab gesunde Mahlzeiten wie den Linsensalat mit Makrele (Seite 104), von denen ich weiß, dass sie mir helfen, zur Ruhe zu kommen. Und es gibt Rezepte, die Zeit und Geduld erfordern (die Kuchen, Brote und Pies), und schließlich solche, die geradezu meditativen Charakter haben (da muss ich an die Gyoza auf Seite 132 denken, bei deren Zubereitung man ohne Weiteres ein paar Atemübungen nebenher machen könnte).

Dieses Buch zu schreiben, hat seine Zeit gedauert, und es hat sich dabei verändert. Es ist nicht nur eine Sammlung meiner Lieblingsgerichte, es war ein Work in progress,

CAFÉS RICHARD
P 8
P
G 4
G

und ich habe es gelebt. Gerichte, die gut tun und neue Lebenskraft spenden, braucht nach meiner Überzeugung jeder von uns. Vielleicht hatten Sie gerade einen schlechten Tag oder Sie suchen nach einer Ernährung, die Ihnen hilft, sich großartig zu fühlen – wer immer Sie sind, das richtige Essen zur richtigen Zeit kann ungeheuren Auftrieb geben.

Sie werden hier Frühstücksgerichte finden, für die man morgens gern aufsteht. Es gibt Suppen, die wie eine liebevolle Umarmung wirken, leichte, schnelle und dennoch nahrhafte Abendessen und ausgiebigere Mahlzeiten, bei denen man so richtig entspannen kann. Ein ganzes Kapitel ist ausschließlich dem Gemüse gewidmet, und außerdem machen wir natürlich auch Desserts und Kuchen – manchmal muss es eben etwas Süßes sein. Und am Ende finden Sie noch all die kleinen Extras, die das Kochen und Essen zu einem solchen Vergnügen machen.

Nachdem ich mich fast zehn Jahre lang vegetarisch und von Fisch ernährt habe, ist meine Ernährung heute sehr ausgewogen. Inzwischen esse ich leidenschaftlich gerne Fleisch und Milchprodukte (wenn ich die Wahl zwischen Dessert und Käse habe, macht auf alle Fälle der Käse das Rennen), aber natürlich nicht zu jeder Mahlzeit. Ich habe das Glück, seit nunmehr fast acht Jahren mit Laura Matthews, der Ernährungsberaterin von Jamie, zusammenzuarbeiten, und sie war so nett, dieses Buch vorab zu lesen. Auf die Kalorien hat sie dabei nicht geachtet, aber sie hat mir die gesundheitlichen Vorzüge bestimmter Rezepte und wichtiger Zutaten erläutert. Gesunde Ernährung liegt derzeit voll im Trend, und ich bin überzeugt, dass dadurch vielen von uns ein wenig bewusster geworden ist, was wir unserem Körper zuführen.

Jede Mahlzeit, die jemand mit Liebe selbst zubereitet hat, ist für mich ein gutes Essen.

Es kommt vor allem darauf an, mit unverarbeiteten Zutaten zu kochen. Gewiss, es gibt Nahrungsmittel, die gesünder und nährstoffreicher sind als andere. Deshalb sind die anderen aber nicht von vornherein »schlecht«. Das ist alles eine Sache der Ausgewogenheit. Oft fragen mich Freunde, wenn sie mich zum Abendessen einladen, was ich gerne essen würde. Meine Antwort lautet dann immer »irgendwas«. Denn ich finde, wenn jemand bereit ist, sich die Zeit zu nehmen, für mich zu kochen, dann ist das an sich schon etwas Großartiges, und ich werde essen, was er gern kocht. Und nicht nur das gemeinsame Essen, auch die Zubereitung der Speisen kann eine ungeheure Freude sein. Wie immer mein Tag auch verläuft – das Essen ist auf jeden Fall ein Highlight.

TIPPS FÜR EINKAUF, ZUBEREITUNG + LAGERUNG

Die Zutaten für Gerichte, die täglich auf dem Speiseplan stehen, sollten leicht zu beschaffen, dabei aber auch interessant und inspirierend sein.

Als ich dieses Buch schrieb, habe ich viel Zeit damit verbracht, in den Regalen der Supermärkte zu stöbern, denn es war mir wichtig, dass sich meine Rezepte problemlos nachkochen lassen. Ich bin beim Kochen relativ spontan und lasse mich gerne von Stimmungen leiten, und das spiegelt sich auch bei den Zutaten wider. Es gibt nur eine Handvoll Rezepte für die man vielleicht etwas länger nach einer Zutat suchen muss. Ich habe mich aber bemüht, das auf ein Minimum zu beschränken. Und zur Not bekommt man inzwischen ja alles auch online.

OBST UND GEMÜSE –

Obst und Gemüse Ohne Frage schmecken Früchte und Gemüse am besten während der Saison. Warum im Winter Erdbeeren essen, die über Tausende von Kilometern transportiert wurden und kein Aroma haben, wenn man im Sommer die köstlichsten Beeren aus heimischer Ernte genießen kann? Ich versuche, beim Kochen so weit wie möglich mit den Jahreszeiten zu gehen. Gehen Sie auf den Wochenmarkt oder zu Ihrem Obst- und Gemüsehändler, sehen Sie sich das Angebot an und planen Sie danach Ihre Mahlzeiten. Sie werden mit schmackhaften Erzeugnissen belohnt, die obendrein auch noch preiswerter sind.

Zitronen Ich kaufe immer unbehandelte Früchte, da ich die Schale gerne mitverwende.

Salat Lassen Sie die Hände nach Möglichkeit von abgepackten Salatmischungen. Sie sind überteuert und schmecken nach nichts. Investieren Sie stattdessen lieber in eine Salatschleuder und kaufen Sie frische Salatköpfe.

Kräuter Sie werden feststellen, dass ein Bund Kräuter auf dem Markt oder beim Gemüsehändler dicker und preiswerter ist als im Supermarkt. Meine Mutter ist sogar felsenfest davon überzeugt, dass die Kräuter besser schmecken und mehr Aroma haben. Ich glaube, da könnte sie recht haben.

Chilischoten Chilischoten bewahrt man am besten in der Gefriertruhe auf, habe ich von meinem Chef gelernt. Deshalb kaufe ich sie immer gleich in größeren Mengen, vor allem auch, weil ich reichlich Gebrauch davon mache. Tiefgefroren lassen sie sich vielseitig verwenden: Man kann sie über Salate, Eier oder Gemüse reiben, um den Gerichten eine angenehme Schärfe zu verleihen.

FLEISCH UND FISCH –

—

Fleisch Beim Fleisch auf Qualität zu achten, zahlt sich aus. Da inzwischen viele Metzgereien und Supermärkte Fleisch von Tieren aus artgerechter Haltung anbieten, dürfte es nicht allzu schwer sein, gutes Fleisch zu moderaten Preisen zu bekommen. Ich möchte immer gerne wissen, woher mein Fleisch kommt und ob das Tier ein gutes Leben hatte. Und wenn ich mir zugunsten einer besseren Qualität weniger Fleisch leisten kann, finde ich das vollkommen in Ordnung. Kaufen Sie nach Möglichkeit Fleisch von heimischen Erzeugern.

Preiswertere Fleischstücke Achten Sie auf Sonderangebote von Rinderhachsen, Lammschulter, Lammhachsen, Schweineschulter, Hähnchenkeulen ... kurz, allem, was langsam gegart werden muss. Sie können einige Monate tiefgefroren werden, ohne an Geschmack einzubüßen.

Fisch Achten Sie beim Fischkauf auf das MSC-Siegel. Es garantiert, dass der Fisch aus nachhaltigem Fang stammt. Und fragen Sie im Zweifel Ihren Fischhändler. Er kann Ihnen sagen, welche Fische von Überfischung bedroht sind und welche nicht. Die Liste ändert sich laufend, deshalb sollte man am besten immer nachfragen.

EIER –

—

Ich habe in diesem Buch ausschließlich große Eier verwendet. Das ist insbesondere bei den Backrezepten von Bedeutung. Und kaufen Sie möglichst Bio-Eier. Ich lagere meine Eier bei Raumtemperatur. So erzielt man bessere Ergebnisse beim Backen und die Schalen platzen beim Kochen nicht so leicht.

TROCKENE ZUTATEN –

—

Wenn Sie ein Neuling in der Küche sind, werden Sie vielleicht den Eindruck haben, Sie müssten wahnsinnig viel einkaufen. Haben Sie sich aber erst einmal einen Vorrat an Grundzutaten angelegt, fällt das ständige Einkaufen einzelner Zutaten mit der Zeit weg. In meinem Vorratsschrank finden sich verschiedene Öle (ich bevorzuge extra natives Olivenöl, Erdnuss- und Rapsöl) und Essige (Weißwein-, Rotwein- und Apfelessig). Ein Muss sind außerdem Konserven wie Dosentomaten (ich verwende am liebsten Eiertomaten), Kokosmilch und Linsen. Nicht fehlen dürfen auch verschiedene Pasta- und Reissorten, Linsen und Bohnen. Außerdem habe ich immer einen Vorrat an Chutneys, Pickles, Konfitüren und verschiedenen Senfsorten, die man beim Kochen gut gebrauchen kann.

Und denken Sie auch an getrocknete Kräuter und Gewürze. Hier würde ich Ihnen unbedingt empfehlen, nicht auf die Gläser aus dem Supermarkt zurückzugreifen. Kaufen Sie Kräuter und Gewürze lieber im Fachhandel oder auf dem Markt, wo man sie zu deutlich niedrigeren Preisen bekommt. Zur Aufbewahrung können Sie sie entweder in Schraubgläser füllen oder Sie lassen sie einfach in der Papiertüte und verschließen diese gut.

Darüber hinaus verfüge ich über eine Auswahl verschiedener Mehl- und Zuckersorten. Sollten Sie allerdings kein leidenschaftlicher Bäcker sein, ist Allzweckmehl (Type 405) vollkommen ausreichend.

Salz Auf diese spezielle Zutat muss ich im Zusammenhang mit meinen Rezepten gesondert eingehen. Zum Kochen verwende ich ausschließlich Meersalzflocken (das ist vor allem bei genauen Mengenangaben wichtig). Wenn Sie feines Meersalz nehmen, benötigen Sie eine geringere Menge, denn die Salzkörner sind viel kleiner, und die Menge ist dann entsprechend größer. Verwenden Sie deshalb in diesen Fällen nur die halbe Menge und würzen Sie später gegebenenfalls noch einmal nach.

BACKOFEN –

—

Sämtliche Rezepte wurden in einem herkömmlichen Elektroherd getestet. Wenn Sie einen Umluft- oder Konvektionsofen besitzen, passen Sie die Temperaturen der Bedienungsanleitung entsprechend an. Und am besten verwenden Sie ein Backofenthermometer. Das liefert die genaueste Temperaturangabe.

SONSTIGE UTENSILIEN –

—

In meiner Küche haben sich zwar über die Jahre jede Menge Töpfe und Pfannen angesammelt, technische Spielereien werden Sie dort allerdings kaum finden. Um ein guter Koch zu sein, braucht man nicht haufenweise technische Hilfsmittel. Investieren Sie stattdessen lieber in ein qualitativ hochwertiges Equipment. Ein Set mit scharfen Messern ist ein Muss. Wenn man plötzlich mit einem richtig scharfen Messer arbeitet, ist das fast so, als würde man mit einem Mal eine Brille mit der richtigen Gläserstärke tragen. Bei den Schneidebrettern bevorzuge ich Holz und Kunststoff; von Glas ist abzuraten. Ein großer, solider Mörser sieht auch noch sehr dekorativ aus (unserer ist selten leer). Unentbehrlich ist auch ein guter Gemüseschäler (auch wenn ich die Kartoffeln immer noch, wie meine Großmutter, mit einem kleinen Küchenmesser schälen kann). Ebenso wichtig ist eine Auswahl an Töpfen und Pfannen in verschiedenen Größen. Ich bin sowohl für eine Person wie für eine ganze Gästeschar gerüstet. Sehr zu empfehlen ist auch ein guter gusseiserner Schmortopf. Er eignet sich gleichermaßen für die Herdplatte wie für den Ofen und sieht auch auf dem Tisch gut aus. Wichtig ist außerdem eine gute Reibe. Vierkantreiben eignen sich gut zum Raspeln, für Zitrusschalen und Hartkäse greift man besser zu einer feinen Reibe. Dann wären da noch Messlöffel, Küchenzange, Schneebesen, Kochlöffel. Von »Modeutensilien« sollten Sie sich dagegen nicht blenden lassen. Die Chancen sind groß, dass sie früher oder später irgendwo verstauben.

Elektrogeräte besitze ich lediglich vier: einen Standmixer und einen Pürierstab, eine Küchenmaschine zum Zerkleinern und ein Gerät zum Rühren, Schlagen und Kneten. Und auch wenn das Angebot an technischen Raffinessen geradezu überwältigend ist – ich garantiere Ihnen, mehr als diese vier braucht man wirklich nicht. Einen guten Standmixer für Smoothies, Saucen und Pürees, einen Pürierstab für heiße Suppen. Außerdem ein elektrisches Gerät zum Hacken von Gemüse und auch zum Teigrühren ist ein Muss. Je nach Fabrikat ist so eine Küchenmaschine häufig auch noch mit Aufsätzen zum Schneiden, Raspeln und Reiben ausgestattet, die ich sehr hilfreich finde. Ein Kartoffelgratin oder ein Krautsalat sind damit im Handumdrehen fertig.

1

EIN GUTER START IN DEN TAG

Früher war ich eigentlich eher ein Frühstücksmuffel, doch inzwischen ist es vor allem das Frühstück, das mich morgens aus dem Bett lockt. Auch wenn unser Leben zunehmend hektischer wird – die Zeit, sich mit einer Tasse Kaffee, einem Glas Saft und einem ordentlichen Frühstück an den Tisch zu setzen, muss man sich nehmen. Ich liebe dieses morgendliche Ritual. Im folgenden Kapitel finden Sie Rezepte für ein Frühstück, das unter der Woche schnell gemacht ist, dazu manches, das man am Abend vorher vorbereiten kann, aber natürlich auch Anregungen für einen ausgedehnten Brunch am Sonntag. Das Frühstück ist schließlich die wichtigste Mahlzeit des Tages.

PORRIDGE MIT BANANE, ZIMT UND MOHN

Ein Porridge der besonderen Art, den Sie auf Ihrem Frühstückstisch bestimmt nicht mehr missen wollen. Er ist so unglaublich cremig, dass man meint, er steckt voller Butter oder Sahne, und enthält doch ausschließlich gesunde Zutaten. Was Sie dafür vor allem brauchen, ist Zeit, denn die Haferflocken müssen langsam unter Rühren gekocht werden. Deshalb mein Tipp: Machen Sie gleich eine größere Menge – am besten sonntags, wenn Sie mehr Zeit haben (an einem Arbeitstag stelle ich mich morgens sicher nicht 45 Minuten an den Herd, da kann ich von Glück sagen, wenn die Zeit fürs Haarekämmen reicht) –, denn der Porridge hält sich ein paar Tage. Stellen Sie ihn nach dem Abkühlen einfach in den Kühlschrank, dann müssen Sie ihn morgens nur noch mit einem Schuss Milch oder Wasser wieder aufwärmen. Ob und wie Sie ihn noch verfeinern, bleibt ganz Ihnen überlassen. Er schmeckt nur mit etwas braunem Zucker bestreut himmlisch, ich esse ihn allerdings am liebsten so:

FÜR 4 PERSONEN

–

75 g kernige Haferflocken

50 g Haferschrot

700 ml Milch *(Vollmilch oder fettarme Milch, mit entrahmter Milch wird der Porridge zu wässrig)*

½ TL Meersalz

2 Bananen

½ TL Zimt

1 EL Mohnsamen

3–4 EL Honig oder Demerarazucker

Die Haferflocken und den Haferschrot mit Milch, Salz und 300 ml Wasser in einen Topf geben und bei mittlerer Hitze zum Kochen bringen. Sobald die Mischung aufkocht, die Temperatur reduzieren und den Porridge 35–45 Minuten köcheln lassen. Dabei gelegentlich umrühren, damit er nicht ansetzt und schön dick und cremig wird. Wird der Porridge zu fest, noch einen Schuss Milch oder Wasser hinzufügen.

Die Bananen schälen und in Scheiben schneiden. Den Porridge mit Zimt und Mohn verrühren und auf vier Müslischalen verteilen. Wenn ich Honig verwende, träufle ich ihn vorher in die Schalen. Wenn ich Zucker nehme, streue ich ihn über den Haferbrei, lasse ihn schmelzen und rühre ihn dann kurz unter. Das Ganze zum Schluss mit den Bananenscheiben garnieren und servieren.

KNUSPERMÜSLI MIT KIRSCHEN UND FEIGEN

Wie manches Gute im Leben kam auch dieses Rezept eher zufällig zustande – außer Neugier war ein bisschen Faulheit im Spiel. Mein Mann Pete leidet unter einer Haselnussallergie. Fertig gekauftes Müsli kommt für ihn also nicht infrage. Deshalb mache ich oft eine spezielle Mischung mit Samen und Trockenfrüchten. Eines Morgens musste ich allerdings feststellen, dass ich zu viel versprochen hatte, denn es gab zwar jede Menge frisches Obst und auch etwas Joghurt im Kühlschrank, aber die Müslimischung fehlte (und ohne die geht bei uns gar nichts). Kurzerhand probierte ich ein wenig herum – und heraus kam dieses schnelle Knuspermüsli. Und was soll ich Ihnen sagen – es ist einfach köstlich: die knusprig gerösteten Haferflocken erinnern an einen leckeren Müsliriegel. Und die ganze Pracht ist auch noch kinderleicht herzustellen – natürlich auch auf Vorrat.

FÜR 4 PERSONEN

–

1 EL Olivenöl *(oder neutrales Pflanzenöl)*

1 TL Vanilleextrakt oder Mark von ½ Vanilleschote

125 g blütenzarte Haferflocken

50 g getrocknete Kirschen oder Cranberrys

50 g getrocknete Feigen *(oder andere Trockenfrüchte Ihrer Wahl – gut eignen sich auch Datteln und Aprikosen)*

2 EL gemischte Samen *(z. B. Kürbiskerne, Sesamsamen, Mohnsamen, Sonnenblumenkerne)*

1 Prise Meersalz

¼ TL Zimt

3 EL flüssiger Honig

1 Schälchen gemischte Beeren zum Servieren

selbst gemachter Joghurt *(siehe Seite 238)* zum Servieren

Das Öl mit der Vanille und einem Schuss Wasser in eine mittelgroße beschichtete Pfanne geben und bei mittlerer Temperatur auf den Herd stellen. Die Haferflocken einstreuen, umrühren, einen Deckel auflegen und das Ganze 5 Minuten erhitzen. Inzwischen die Kirschen oder Cranberrys und die Feigen (oder die Trockenfrüchte Ihrer Wahl) in gleich große Stücke hacken.

Sobald die Haferflocken die Flüssigkeit aufgenommen haben, den Deckel abnehmen und die Samen in die Pfanne geben. Die Temperatur erhöhen und das Ganze einige Minuten anrösten. Mit dem Meersalz bestreuen, die gehackten Trockenfrüchte und den Zimt dazugeben und alles gut durchschwenken. Die Mischung mit dem Honig beträufeln und weitere 2–3 Minuten erhitzen, bis die Haferflocken am Rand leicht knusprig sind.

Die Müslimischung einige Minuten in der Pfanne abkühlen lassen. Anschließend kann man sie mit frischen Beeren und Joghurt servieren oder man lässt sie vollständig auskühlen und bewahrt sie bis zum Gebrauch in einem Schraubglas auf.

GEGRILLTE FRÜCHTE MIT HONIG-INGWER-DRESSING

Ob man sie nun einfach so isst, mit Joghurt oder Müsli – gegrillte Früchte schmecken einfach großartig. Und mit einer Schüssel Schlagsahne und Baisers auf einer Platte angerichtet, eignen sie sich auch perfekt als Dessert. Bei der Auswahl der Früchte haben Sie völlig freie Hand – wichtig ist nur, Obst mit festerem Fruchtfleisch zu nehmen.

FÜR 2 PERSONEN

–

1½ TL Sesamsamen

1 Stück *(1 cm)* Ingwerwurzel

2 EL Honig

1 Bio-Limette

1 Nektarine oder 1 Pfirsich

1 Aprikose

1 Birne

¼ Ananas

1 Handvoll Blaubeeren

Eine Grillpfanne bei hoher Temperatur vorheizen.

Für das Dressing die Sesamsamen in einem kleinen Topf bei schwacher Hitze leicht anrösten, dann herausnehmen und beiseitestellen. Den Ingwer schälen und reiben. Den Honig in den Topf geben, den Ingwer hinzufügen. Die Limettenschale in den Topf reiben, den Limettensaft dazupressen, vorsichtig umrühren und das Ganze bei schwacher bis mittlerer Hitze zum Köcheln bringen. Die Temperatur reduzieren, alles noch 2 Minuten köcheln lassen und anschließend vom Herd nehmen.

Die Nektarine oder den Pfirsich halbieren, entsteinen und die Hälften nochmals halbieren. Die Aprikose halbieren und entsteinen. Die Birne vierteln und das Kerngehäuse entfernen. Die Ananas schälen, das holzige Innere herausschneiden und das Fruchtfleisch in 2–3 cm große Stücke schneiden.

Die Fruchtstücke in die heiße Grillpfanne geben (falls nötig, portionsweise) und unter häufigem Wenden grillen, bis schöne braune Streifen entstanden sind. Die Fruchtstücke in einer Schüssel oder auf einer Platte anrichten und die Blaubeeren darüberstreuen. Mit dem Dressing beträufeln und vorsichtig durchmischen. Den Obstsalat mit geröstetem Sesam bestreuen und sofort servieren.

PANCAKES MIT KARAMELLISIERTEN ÄPFELN UND HASELNÜSSEN

Pancakes in allen nur denkbaren jahreszeitlichen Variationen stehen bei uns am Wochenende ganz oben auf der Hitliste. Während im Sommer vor allem Beeren angesagt sind, greife ich im Winter zu Zitrusfrüchten. Und auch pikante Varianten kommen immer gut an. Mein absoluter Favorit sind allerdings diese Pancakes mit karamellisierten Äpfeln, die übrigens gar nicht so gehaltvoll sind wie sie schmecken.

FÜR 4 PERSONEN

–

50 g Haselnusskerne, geröstet

2 Äpfel *(ich nehme am liebsten Cox Orange oder Braeburn mit ungewachster Schale)*

1 Bio-Orange

250 g Ricotta

2 große Eier

1 Päckchen Vanillezucker

175 ml Milch

125 g Vollkornmehl

1 TL Backpulver

1 Prise Meersalz

Erdnussöl

4 EL Ahornsirup, plus Ahornsirup zum Servieren

griechischer Joghurt zum Servieren

Die Haselnüsse in der Küchenmaschine grob hacken. Die Äpfel nur waschen, nicht schälen, und jeweils quer in sechs dünne Scheiben schneiden. In eine Schüssel legen und die Orangenschale darüberreiben. Den Ricotta in ein Sieb geben und gut abtropfen lassen. Anschließend in eine große Rührschüssel füllen. Die Eier trennen. Die Eiweiße in eine zweite Rührschüssel geben, die Eigelbe kräftig mit dem Ricotta, dem Vanillezucker und der Milch verrühren. Mehl, Backpulver, Salz und den größten Teil der Haselnüsse dazugeben und alles kurz vermischen.

Die Eiweiße mit dem Handrührgerät oder dem Schneebesen steif schlagen. 1 Löffel Eischnee unter die Ricottamischung rühren und dann vorsichtig den restlichen Eischnee unterheben (der Teig sollte schön locker sein).

In eine beschichtete Pfanne etwas Erdnussöl geben und das Öl mit einem Backpinsel oder einem Stück Küchenpapier verreiben. Die Pfanne bei mittlerer Temperatur heiß werden lassen und sechs Apfelscheiben darin verteilen. Die Orange halbieren und den Saft einer halben Frucht darüber auspressen. Die Apfelscheiben 2–3 Minuten braten, dann wenden. Auf jede Scheibe einen großen Löffel Ricottamasse (insgesamt etwa die Hälfte des Pfannkuchenteigs) geben und glatt streichen. Die Temperatur etwas reduzieren und die Pancakes 6–8 Minuten backen. Vorsichtig wenden und auf der anderen Seite weitere 4–5 Minuten fertig backen.

Die Pfannkuchen mit 2 Esslöffeln Ahornsirup beträufeln, nochmals wenden und die Äpfel etwa 1 Minute karamellisieren. Mit einem Klecks Joghurt, den restlichen Haselnüssen und etwas Ahornsirup servieren. Die Pfanne ausreiben und mit den restlichen Zutaten ebenso verfahren.

NASI GORENG MIT SPINAT

Auf unserer Hochzeitsreise in Indonesien war dies unser Lieblingsfrühstück. Nasi Goreng ist reich an Eiweiß, und wenn man es wie hier mit Naturreis zubereitet, macht es schön lange satt. So ein herzhaftes Frühstück ist ganz besonders nach einer langen Nacht der ideale Start in den Tag. Aber so ein Teller Nasi Goreng schmeckt natürlich auch zu jeder anderen Tageszeit.

FÜR 2 PERSONEN

–

125 g Natur-Basmatireis

einige Stängel Koriandergrün

2 Knoblauchzehen

2 Schalotten

1 rote Chilischote

1 Stück *(2 cm)* Ingwerwurzel

100 g grüne Bohnen

100 g junger Spinat

Erdnussöl

¼ TL Kurkuma

2 EL Kejap Manis *(wenn Sie diese süße indonesische Sojasauce nicht bekommen, durch Sojasauce und 1 EL flüssigen Honig ersetzen)*

1 EL salzarme Sojasauce

2 große Eier

Meersalz und frisch gemahlener schwarzer Pfeffer

1 Limette, halbiert

Sriracha-Sauce oder eine andere Chilisauce zum Servieren

Den Reis nach Packungsanweisung kochen und abkühlen lassen (damit es schneller geht, den Reis auf einem Backblech verteilen oder bereits am Vorabend garen).

Die Korianderblätter abzupfen und grob hacken. Knoblauch und Schalotten schälen und mit den Korianderstielen fein schneiden. Die Chilischote (um ihr die Schärfe zu nehmen, kann man vorher die Samen entfernen) in Ringe schneiden. Den Ingwer schälen und in feine Streifen schneiden. Die Bohnen entfädeln und in 2–3 cm große Stücke schneiden. Den Spinat grob hacken.

Die Bohnen 3 Minuten in kochendem Salzwasser blanchieren, mit einem Schaumlöffel aus dem Topf heben und in kaltem Wasser abschrecken. Das Salzwasser bei schwacher Hitze warm halten. Darin werden später die Eier pochiert. Wer das Gericht lieber mit Spiegeleiern serviert, kann das Wasser wegschütten und eine mittelgroße Pfanne erhitzen.

Etwas Erdnussöl bei mittlerer Temperatur in einer beschichteten Pfanne oder einem Wok erhitzen und die Schalotten 5 Minuten darin anbraten. Knoblauch, den größten Teil der Chiliringe, Ingwer und die Korianderstiele dazugeben und 5 Minuten anschwitzen. Kurkuma und Bohnen hinzufügen und das Ganze weitere 2 Minuten braten. Nacheinander den kalten Reis, Kejap Manis und die Sojasauce dazugeben und alles 5 Minuten unter häufigem Rühren braten, bis der Reis durch und durch heiß ist. Gleichzeitig die Eier nach Belieben braten oder pochieren (ich pochiere sie knapp 3 Minuten, sodass das Eigelb noch flüssig ist). Zum Schluss den Spinat und den größten Teil der Korianderblätter unter den Reis heben und abschmecken.

Das Nasi Goreng auf zwei Teller verteilen, die Eier darauf anrichten, mit restlichem Koriandergrün und Chiliringen garnieren und mit den Limettenhälften und der Sriracha-Sauce servieren.

MASALA-OMELETT

Mein erstes Masala-Omelett bekam ich auf einer Indienreise, und seitdem esse ich morgens am liebsten etwas Herzhaftes. In Indien mag man zum Frühstück nichts Süßes, sondern pikante Eierspeisen, Dosas mit Sambal ... – also Gerichte, die einem die richtige Power für den Tag geben. Bei uns zu Hause ist dieses Omelett inzwischen ein echter Renner, und das nicht nur zum Frühstück. Es ist kinderleicht zuzubereiten und kann ganz einfach abgewandelt werden, je nachdem, was man gerade zur Hand hat. Reichlich Proteine für einen perfekten Start in den Tag.

FÜR 2 PERSONEN

–

½ rote Zwiebel

2 kleine Strauchtomaten

½ Bund Koriandergrün

1 grüne Chilischote

4 große Eier

Meersalz und frisch gemahlener schwarzer Pfeffer

½ TL gemahlene Kurkuma

½ TL Garam Masala

½ TL gemahlener Kreuzkümmel

30 g junger Spinat

½ Zitrone

2 Stückchen Butter

Die Zwiebel schälen und fein hacken. Die Tomaten halbieren, die Samen mit einem Teelöffel entfernen und das Fruchtfleisch fein würfeln. Das Koriandergrün (Blätter und Stiele) fein hacken. Die Chilischote der Länge nach halbieren, die Samen entfernen und die Schote in feine Streifen schneiden. Die Eier kräftig mit dem Schneebesen verquirlen und großzügig mit Salz und Pfeffer würzen. Zwiebel, Tomaten, das Koriandergrün, die Hälfte der Chiliringe und die Gewürze unterrühren. Die Spinatblätter und die restlichen Chiliringe in eine Schüssel geben, den Saft der Zitronenhälfte dazupressen, durchmischen und zur Seite stellen.

Ein Stückchen Butter bei mittlerer Hitze in einer mittelgroßen beschichteten Pfanne zerlassen. Die Hälfte der Eiermischung hineingeben und die Pfanne etwa 2 Minuten lang schwenken, bis das Omelett gestockt ist. Das Omelett noch 1 Minute backen, dann auf einen Teller gleiten lassen. Mit der Hälfte der Spinatblätter garnieren, zusammenklappen und sofort servieren. Die restliche Butter in der Pfanne zerlassen und das zweite Omelett auf die gleiche Weise zubereiten.

MENEMEN MIT GEBACKENEM FETA UND OLIVEN

Menemen ist eine türkische Eierspeise mit Tomaten und Paprikaschoten, die in der Regel zum Frühstück auf den Tisch kommt. Die zypriotische Version, mit der ich groß geworden bin, enthält keine Paprikaschoten und erfreut sich zu jeder Tageszeit großer Beliebtheit. Traditionell wird Menemen allerdings nicht wie in meiner Variante mit einem Spiegelei, sondern als Rührei zubereitet.

FÜR 4 PERSONEN

–

150 g Feta

1 Bio-Zitrone

12 schwarze Oliven

½ Bund Oregano, die Blätter abgezupft

Olivenöl

Meersalz und frisch gemahlener schwarzer Pfeffer

1 rote Paprikaschote

1 grüne Paprikaschote

2 Zwiebeln

1 grüne Chilischote

5 reife Tomaten

1 EL Tomatenmark

4 große Eier

einige Stängel glatte Petersilie, die Blätter grob gehackt

1 Prise Chiliflocken (nach Belieben)

Fladen- oder Pitabrot zum Servieren

Den Backofen auf 200 °C vorheizen. Den Feta in eine kleine ofenfeste Form legen und die Zitronenschale darüberreiben. Die Oliven entsteinen, grob hacken, mit der Hälfte der Oreganoblätter mischen und über den Käse streuen. Die Zitrone vierteln und dazugeben. Alles mit etwas Olivenöl beträufeln, mit Salz und Pfeffer würzen und für 20 Minuten in den Backofen schieben, bis der Käse am Rand goldbraun und knusprig ist.

Inzwischen die Paprikaschoten von Samen und Häutchen befreien und in 1 cm große Stücke schneiden. Die Zwiebeln schälen und in feine Ringe schneiden. Die Chilischote von den Samen befreien und ebenfalls in feine Ringe schneiden. 3 Esslöffel Olivenöl bei niedriger bis mittlerer Temperatur in einer großen beschichteten Pfanne erhitzen und das Gemüse mit den restlichen Oreganoblättern 10 Minuten darin anschwitzen, ohne dass es Farbe annimmt. In der Zwischenzeit die Tomaten oben kreuzweise einritzen und für 1 Minute in eine Schüssel mit kochend heißem Wasser legen. Anschließend abgießen, häuten und fein würfeln. Wenn das Gemüse weich ist, das Tomatenmark einrühren und 1 Minute mitbraten. Die Tomaten mit ihrem Saft hinzufügen, das Gemüse kräftig mit Salz und Pfeffer abschmecken und weitere 10 Minuten garen, bis es zusammengefallen und eingedickt ist. Dabei etwas Wasser hinzufügen, falls nötig.

Mit einem Löffel vier Vertiefungen in die Gemüsemischung drücken und jeweils ein Ei hineinschlagen. Einen Deckel auflegen und die Eier 5 Minuten garen, bis das Eiweiß gestockt, das Eigelb aber noch flüssig ist. Soll das Eigelb fest werden, garen Sie das Gericht einige Minuten länger.

Das Menemen mit der Petersilie und nach Belieben auch mit Chiliflocken bestreuen, dazu den Feta mit den Oliven und Zitronenspalten servieren und geröstetes Fladen- oder Pitabrot dazureichen.

HASH BROWNS MIT KIPPER, BRUNNENKRESSEJOGHURT UND GEGRILLTER GURKE

Fettreicher Fisch sollte viel häufiger auf unserem Speiseplan stehen, und da ist Kipper, kalt geräucherter Hering, genau richtig. Er enthält reichlich Omega-3-Fettsäuren, die das Herz schützen, und liefert obendrein viel Vitamin D, das der Körper braucht, um Kalzium aufzunehmen. Man kann das Gericht natürlich auch mit anderem Räucherfisch zubereiten, dann entfällt das Vorgaren in Milch. Der Hering bereichert hier Hash Browns, eine Art knusprig gebratenes Kartoffelpüree.

FÜR 4 PERSONEN

–

4 kalt geräucherte Heringsfilets *(Kipper; etwa 280 g)*

500 ml Milch

600 g mehligkochende Kartoffeln

Meersalz und frisch gemahlener schwarzer Pfeffer

½ Bund Schnittlauch, fein gehackt

4 Frühlingszwiebeln

1 Stück *(1 cm)* frischer oder 1 TL geriebener Meerrettich aus dem Glas

1 Bio-Zitrone

Olivenöl

½ Salatgurke

100 g Brunnenkresse

200 g griechischer Joghurt

Den Räucherfisch in eine große Pfanne legen, die Milch darübergießen und bei mittlerer Hitze zum Kochen bringen. Die Temperatur reduzieren und den Fisch 6 Minuten köcheln lassen. Anschließend vom Herd nehmen und etwas abkühlen lassen. Den größten Teil der Milch weggießen. Den Fisch vorsichtig in Stücke zupfen, dabei Haut und Gräten entfernen.

Während der Fisch kocht, die Kartoffeln in möglichst gleich große Stücke schneiden (ob Sie sie vorher schälen, bleibt Ihnen überlassen). In einen Topf mit kaltem Salzwasser legen und bei mittlerer Hitze zum Kochen bringen. Die Temperatur etwas reduzieren und die Kartoffeln 12 Minuten garen. Abgießen und einige Minuten in einem Sieb ausdampfen lassen. Den Topf austrocknen, die Kartoffeln wieder hineingeben und mit einem Kartoffelstampfer zerdrücken.

Schnittlauch, Fisch und einen Schuss der restlichen Milch unter das Püree rühren. Die Frühlingszwiebeln in feine Ringe schneiden und ebenfalls untermischen. Das Püree mit Salz und Pfeffer abschmecken. Den Meerrettich schälen und reiben. Die Zitronenschale abreiben und beides unter das Kartoffelpüree rühren.

Die Bratpfanne säubern und 1 kräftigen Schuss Olivenöl bei mittlerer Temperatur darin erhitzen. Die Kartoffelmischung hineingeben, mit einem Pfannenwender etwa 2 cm dick verstreichen und 12–15 Minuten unter gelegentlichem Wenden goldbraun und knusprig braten. »

« Während die Hash Browns braten, eine Grillpfanne bei hoher Temperatur heiß werden lassen. Die Gurke der Länge nach halbieren. Die Hälften nochmals quer halbieren und die Samen mit einem Teelöffel entfernen. Die Gurkenstücke in die heiße Grillpfanne legen und auf beiden Seiten einige Minuten grillen.

70 g Brunnenkresse mit dem ausgepressten Saft von ½ Zitrone, 1 Prise Salz und Pfeffer und dem Joghurt im Mixer glatt pürieren.

Die gegrillten Gurken auf einem Schneidebrett in grobe Stücke hacken und mit dem Saft der zweiten Zitronenhälfte anmachen.

Den Joghurt auf vier Teller verteilen und die Hash Browns darauf anrichten. Die Gurkenstücke rundherum verteilen, das Ganze mit der restlichen Brunnenkresse bestreuen und servieren.

SELBST GEBEIZTER LACHS MIT RÜHREI

Fisch selbst zu beizen ist gar nicht schwierig – nur genügend Zeit sollte man mitbringen. Seinen feinen Geschmack verdankt der Lachs einer Mischung aus Gin und Zitronensaft. Das cremige Rührei passt perfekt dazu.

FÜR 4 PERSONEN

–

½ EL Korianderkörner

1 EL Pfefferkörner *(nach Möglichkeit gemischt)*

6 Wacholderbeeren

150 g feines Meersalz

125 g Zucker

5 cl Gin

1 Bio-Zitrone

400 g Lachsfilet mit Haut, entgrätet

ZUM SERVIEREN

–

10 große Eier

Meersalz und frisch gemahlener schwarzer Pfeffer

½ Bund Schnittlauch, fein geschnitten

4 Scheiben Sauerteigbrot

50 g Butter

Den Lachs einen Tag vor dem Servieren beizen.

Die Korianderkörner, Pfefferkörner und Wacholderbeeren ohne Zugabe von Fett bei schwacher Hitze in einer Pfanne 1–2 Minuten rösten und dann im Mörser (oder in der Gewürzmühle) fein zerkleinern. In einer Schüssel mit Meersalz, Zucker und Gin verrühren, dann die Zitronenschale dazureiben. Die Hälfte der Mischung in einer flachen Schale (sie sollte so groß sein, dass der Fisch gerade hineinpasst) verteilen. Den Lachs mit der Hautseite nach unten darauflegen und mit der restlichen Gewürzmischung bedecken. Alles in Frischhaltefolie wickeln und für 12 Stunden in den Kühlschrank stellen. Den Lachs anschließend wenden, mit der Flüssigkeit, die sich am Boden abgesetzt hat, beträufeln und wieder gut mit der Gewürzmischung bedecken. Wieder in Frischhaltefolie wickeln und für weitere 12 Stunden in den Kühlschrank stellen.

Vor dem Servieren die Beize abwaschen und den Fisch trocken tupfen. Das Fleisch in dünnen Scheiben von der Haut schneiden. (Reste können zugedeckt bis zu 1 Woche im Kühlschrank aufbewahrt werden.)

Die Eier in eine große Schüssel aufschlagen und mit Salz und Pfeffer würzen. Den Schnittlauch dazugeben und alles kräftig mit dem Schneebesen verquirlen. Eine große beschichtete Pfanne bei mittlerer Temperatur heiß werden lassen. Das Brot toasten. Die Hälfte der Butter in der Pfanne zerlassen, die Eier hineingießen und vorsichtig unter Rühren stocken lassen. Dabei darauf achten, dass das Rührei schön cremig bleibt. Die Brote mit der restlichen Butter bestreichen, mit Rührei und einigen Lachsscheiben belegen und mit der in Spalten geschnittenen Zitrone servieren.

CHORIZO, TOMATEN UND KICHERERBSEN AUF TOAST

Bohnen auf Toast sind in meiner Heimat ein Klassiker zum Frühstück. Nicht jedermanns Sache, ich weiß, aber ich mag diese Kombination. Das hat wohl vor allem mit Kindheitserinnerungen zu tun. Und außerdem: Hülsenfrüchte sind sehr nährstoffreich und sollten viel häufiger auf den Tisch kommen, deshalb also hier eine ganz neue Variante. Wer genug Zeit hat, kann getrocknete Kichererbsen verwenden. Wenn es schnell gehen muss, greift man einfach zu einem Dosenprodukt. So oder so – wenn Sie gleich eine größere Menge zubereiten, haben Sie länger etwas davon, denn das Gericht lässt sich problemlos aufwärmen.

FÜR 4 PERSONEN

–

150 g Chorizo am Stück

450 g reife Strauchtomaten

3 Knoblauchzehen

1 Bund glatte Petersilie

natives Olivenöl extra

50 ml Sherry *(am besten eignet sich Oloroso-Sherry)*

1 EL Tomatenmark

300 g getrocknete Kichererbsen, gekocht, oder 2 Dosen *(à 400 g)*, abgetropft

Meersalz und frisch gemahlener schwarzer Pfeffer

1 Schuss Sherryessig

4 Scheiben Sauerteigbrot oder ein anderes Brot Ihrer Wahl

Die Chorizo und die Tomaten in etwa 1 cm große Stücke schneiden. 2 Knoblauchzehen schälen und fein hacken. Die Petersilienblätter abzupfen und fein hacken.

Etwas Olivenöl in einer großen beschichteten Pfanne erhitzen und die Chorizo einige Minuten darin anbraten. Den Sherry dazugießen, aufkochen und vollständig verdampfen lassen. Die Chorizo unter häufigem Wenden noch etwa 5 Minuten goldbraun braten. Die Temperatur reduzieren und das Fett bis auf einen Esslöffel abschöpfen.

Den gehackten Knoblauch in die Pfanne geben und 1 Minute anbraten. Das Tomatenmark einrühren und 1–2 Minuten mit anrösten. Die Tomaten und die Kichererbsen unterrühren, 200 ml Wasser angießen und langsam zum Kochen bringen. Kräftig mit Salz und Pfeffer abschmecken, die Temperatur reduzieren und alles 20 Minuten zugedeckt köcheln lassen. Dann den Deckel abnehmen, die Temperatur wieder etwas erhöhen und das Gericht weitere 10–15 Minuten kochen lassen, bis die Garflüssigkeit eingedickt ist. Ist sie noch zu dünn, die Temperatur noch weiter heraufschalten und die Kochzeit noch etwas verlängern. Zum Schluss den Essig und den größten Teil der Petersilie einrühren.

Das Brot toasten. Die letzte Knoblauchzehe halbieren und das Brot auf einer Seite damit einreiben. Mit etwas Olivenöl beträufeln, die Kichererbsenmischung darauf anrichten, mit der restlichen Petersilie bestreuen und sofort servieren.

KNUSPRIG GEBRATENES LINSENPÜREE UND BRATWURST MIT PAPRIKA-SALSA

Auf die Idee zu diesem tollen Rezept hat mich Pete gebracht. Er ist ein großer Fan von mexikanischem Bohnenpüree und fragte mich eines Tages, ob man das nicht auch mit Linsen machen könnte. Also probierten wir es aus, und das Ergebnis war phänomenal! Und obendrein ausgesprochen sättigend. Ideal also, um in den Tag zu starten. Man kocht die Linsen am besten bereits im Voraus und brät sie erst unmittelbar vor dem Servieren. Wer mag, kann das Ganze noch mit einem pochierten Ei toppen, und Vegetarier lassen einfach die Wurst weg.

FÜR 4 PERSONEN

–

2 rote Zwiebeln

½ Bund Koriandergrün

1 Jalapeño-Chilischote

½ TL Korianderkörner

Olivenöl

300 g getrocknete braune Linsen

Meersalz und frisch gemahlener schwarzer Pfeffer

2 rote Paprikaschoten

1 getrocknete Chipotle-Chilischote

2 Knoblauchzehen

300 g reife Strauchtomaten

½ TL geräuchertes Paprikapulver

1 EL Rotweinessig

4 Bratwürste

2 Avocados

60 g Rucola

2 Limetten

Reichlich Wasser zum Kochen bringen. Die Zwiebeln schälen und fein hacken. Die Korianderblätter abzupfen und zur Seite legen. Die Stiele fein hacken. Die Jalapeño-Chili fein hacken, die Korianderkörner im Mörser zerstoßen. Etwas Olivenöl in einer großen beschichteten Pfanne erhitzen. Die Zwiebeln mit den Korianderstielen und der Jalapeño-Chili hineingeben und 10 Minuten glasig anschwitzen. Die Korianderkörner hinzufügen und einige Minuten anbraten. Die Linsen dazugeben, 800 ml kochendes Wasser angießen und das Ganze zum Kochen bringen. Kräftig mit Salz und Pfeffer würzen und 40 Minuten zugedeckt köcheln lassen, bis die Linsen zu zerfallen beginnen.

Inzwischen die Paprikaschoten über einer offenen Gasflamme oder in der Grillpfanne rösten, bis die Haut sehr dunkel ist. In eine Schüssel legen, mit Frischhaltefolie abdecken und etwa 5 Minuten ruhen lassen. Die Haut abziehen, Stiel und Samen entfernen und das Fruchtfleisch in feine Streifen schneiden.

Die Chipotle-Chili in einer kleinen Schüssel mit kochendem Wasser bedecken und einige Minuten einweichen. Die Schote anschließend fein hacken.

Den Knoblauch schälen und fein hacken. Die Tomaten klein schneiden. Etwas Olivenöl bei mittlerer Hitze in einer mittelgroßen Pfanne heiß werden lassen. Den Knoblauch mit der Chipotle-Chili 1 Minute darin anbraten. Die Paprikaschoten und das Paprikapulver hinzufügen und einige Minuten anbraten. Die Tomaten dazugeben, kräftig mit Salz und Pfeffer würzen und das Ganze langsam zum Köcheln bringen. 10 Minuten köcheln lassen, bis eine dicke Sauce entstanden ist. Wird die Paprika-Salsa zu dick, etwas Wasser hinzufügen. Den Essig einrühren und die Sauce vom Herd nehmen. Sobald sie etwas abgekühlt ist, die gehackten Korianderblätter einrühren.

Während die Salsa kocht, etwas Olivenöl bei mittlerer Hitze in einer großen Pfanne erhitzen. Das Bratwurstbrät aus der Pelle streifen, in die Pfanne krümeln und 5–10 Minuten braten, bis es rundherum knusprig ist.

Die Linsen mit dem Stabmixer grob pürieren, zum Wurstbrät geben und etwa 15 Minuten unter gelegentlichem Rühren braten, bis alles knusprig ist.

Inzwischen die Avocados schälen und in Spalten schneiden, die Rucolablätter grob hacken und beides mit dem ausgepressten Saft von 1 Limette anmachen. Die zweite Limette in Spalten schneiden.

Die Linsen mit einem Klecks Paprika-Salsa, dem Avocado-Rucola-Salat und den Limettenspalten servieren.

SÜSSKARTOFFELBROT MIT PANCETTA UND AHORNSIRUP

Dieses Rezept war ursprünglich Bestandteil eines von mir verfassten Beitrags zur zuckerfreien Ernährung und hat großen Anklang gefunden. Inzwischen habe ich es ein wenig abgewandelt und etwas Ahornsirup hinzugefügt. Wer ganz auf Zucker verzichten möchte, kann den Sirup aber einfach weglassen, dem Geschmack tut das keinen Abbruch. Das ausgekühlte Brot kann auch eingefroren werden. Sollte also etwas übrig bleiben – gar kein Problem.

FÜR 10 PERSONEN

–

125 ml Olivenöl, plus Olivenöl für die Form und zum Beträufeln

500 g Süßkartoffeln

1 TL Zimt

1 TL Lebkuchengewürz

½ TL Meersalz

1 Bio-Orange

6 Scheiben Pancetta *(Vegetarier können sie einfach weglassen)*

2 große Eier

50 g Naturjoghurt

50 g Pekannusskerne

3 EL Ahornsirup

200 g Vollkorn- oder Weizenmehl

2 TL Backnatron

Den Backofen auf 170 °C vorheizen. Eine Kastenform mit 1 Liter Fassungsvermögen mit etwas Öl einfetten und mit Backpapier auslegen.

Die Süßkartoffeln schälen, in 2–3 cm große Stücke schneiden und in einer großen ofenfesten Form verteilen. Mit den Gewürzen und dem Salz bestreuen und großzügig mit Olivenöl beträufeln. Die Orangenschale darüberreiben und den Saft dazupressen. Alles gut durchmischen und die Süßkartoffeln 25 Minuten im Backofen rösten. Anschließend die Pancetta darauf verteilen und 10 Minuten mitrösten, bis sie knusprig ist und die Süßkartoffeln goldbraun sind. Aus dem Ofen nehmen (den Ofen aber nicht ausschalten) und etwas abkühlen lassen.

Die Süßkartoffeln (die Pancetta in der Form lassen) in der Küchenmaschine pürieren. Die übrigen Zutaten (ein paar Pekannüsse beiseitelegen) einschließlich der 125 ml Olivenöl hinzufügen und alles gut verrühren. Zum Schluss die zerkrümelte Pancetta unterheben. Die Mischung in die vorbereitete Form füllen. Die restlichen Pekannüsse hacken und darüberstreuen. Die Form für 1 Stunde in den Backofen schieben. Anschließend prüfen, ob das Brot durchgebacken ist: Einen Spieß in die Mitte stechen; kommt er sauber wieder heraus, ist das Brot fertig. Andernfalls noch 10 Minuten weiterbacken.

Das Brot 5 Minuten in der Form abkühlen lassen. Dann auf ein Kuchengitter setzen und vollständig auskühlen lassen. Besonders lecker schmeckt es in Scheiben geschnitten und getoastet mit etwas Ahornbutter (mit Ahornsirup aufgeschlagene Butter).

ZUCCHINIKUCHEN MIT KOKOS, KARDAMOM UND HONIGBUTTER

Eine Scheibe Marmorkuchen und ein Glas Milch, das war das Lieblingsfrühstück meiner Kindheit. Mit den Jahren bin ich allerdings anspruchsvoller geworden, wenn es um meine morgendlichen Mahlzeiten geht, und an die Stelle des Marmorkuchens ist dieser köstliche, saftige Zucchinikuchen mit Kardamom und Kokosraspeln getreten, den ich mit Honigbutter serviere. Ein Gedicht!

FÜR 8–10 PERSONEN

–

125 g Butter, plus Butter für die Form

8 grüne Kardamomkapseln

2 kleine Zucchini *(etwa 250 g)*

175 ml Olivenöl

125 g Rohrohrzucker

2 große Eier

1 Bio-Limette

Meersalz

60 g Kokosraspel

325 g Vollkorn- oder Weizenmehl

3 TL Backpulver

3 EL Honig

Den Backofen auf 170 °C vorheizen. Eine Kastenform mit 1 Liter Fassungsvermögen mit etwas Butter einfetten und mit Backpapier auslegen.

Die Kardamomkapseln vorsichtig im Mörser aufbrechen. Die Schalen entfernen und die schwarzen Samen fein zerstoßen. Die Zucchini raspeln und zur Seite stellen.

In einer großen Rührschüssel das Öl mit dem Zucker verrühren. Die Eier unterschlagen, den Kardamom und die Zucchini unterheben. Die Schale der Limette dazureiben, 1 Prise Salz und die Kokosraspel einrühren. Das Mehl mit dem Backpulver hinzufügen und kurz unterrühren. Den Teig in die vorbereitete Form füllen und 75 Minuten auf der mittleren Schiene des Ofens backen. Anschließend prüfen, ob der Kuchen durchgebacken ist: Einen Spieß in die Mitte stechen; kommt er sauber wieder heraus, ist der Kuchen fertig. Anderenfalls noch 10–15 Minuten weiterbacken. Aus dem Ofen nehmen, 10 Minuten in der Form abkühlen lassen und dann auf ein Kuchengitter setzen.

Für die Honigbutter die weiche Butter und den Honig in einer Rührschüssel mit einem Kochlöffel cremig aufschlagen. Mit 1 kräftigen Prise Salz abschmecken und in eine Servierschüssel füllen oder, wenn Sie die Butter nicht sofort verwenden wollen, zu einer Rolle formen, in ein Stück Backpapier wickeln und im Kühlschrank aufbewahren.

Den Kuchen in Scheiben schneiden (wer mag, kann sie toasten) und mit der Honigbutter servieren.

SMOOTHIES – FRÜHSTÜCK TO GO

Wenn morgens mal keine Zeit für ein richtiges Frühstück bleibt, nehme ich einen Smoothie mit. Diese drei schmecken köstlich und bringen Sie garantiert in Schwung.

DER KLASSIKER

–

1 Medjool-Dattel

1 gehäufter EL Haferflocken

1 kräftige Prise Zimt

1 kleine Banane, in Stücke geschnitten und tiefgefroren

1 EL Weizenkleie

250 ml Vollmilch oder Mandelmilch *(oder eine andere Milch Ihrer Wahl – Haselnuss- oder Kokosmilch eignet sich ebenfalls gut)*

etwas flüssiger Honig *(gebe ich nur dazu, wenn ich Kuhmilch verwende, denn Nussmilch hat in der Regel an sich schon einen süßlichen Geschmack)*

Die Dattel entsteinen. Sämtliche Zutaten in den Mixer füllen und einige Minuten stehen lassen. Anschließend pürieren, bis ein glatter, cremiger Smoothie entstanden ist. Ist er zu dick, noch etwas Milch hinzufügen. Sofort genießen.

HIMBEER-MILCHSHAKE

–

1 kleine Banane, in Stücke geschnitten und tiefgefroren

1 gehäufter EL Haferflocken

1 Handvoll Himbeeren

8 Weintrauben *(oder etwas mehr Himbeeren)*

1 großer EL Kirschjoghurt *(sehr gut schmeckt auch Joghurt aus Kokosmilch)*

250 ml frisch gepresster Apfelsaft

Sämtliche Zutaten in den Mixer füllen und einige Minuten stehen lassen. Anschließend pürieren, bis ein glatter, cremiger Smoothie entstanden ist. Ist er zu dick, noch etwas Apfelsaft unterrühren. Sofort genießen.

POPEYE

–

1 Stängel Minze

1 kleine Banane, in Stücke geschnitten und tiefgefroren

1 Handvoll Blaubeeren

1 große Handvoll junger Spinat

1 Spritzer Limettensaft

1 EL geschroteter Leinsamen

250 ml frisch gepresster Apfelsaft

Die Minzeblätter abzupfen und mit den übrigen Zutaten in den Mixer füllen. Einige Minuten stehen lassen. Das Ganze 1 Minute pürieren, bis die Mischung vollkommen glatt ist. Ist der Smoothie zu dick, noch etwas Apfelsaft unterrühren. Sofort genießen.

2

EINE SCHALE SUPPE

Wenn man mich nach meinem Lieblingswohlfühlgericht fragt, muss ich nicht lange überlegen. Die Antwort lautet: Alles, was ich mit einem Löffel aus einer Schale essen kann. An erster Stelle stehen da natürlich die Suppen, gefolgt von Currys, Nudelgerichten und Kartoffelpüree. Mein absoluter Topfavorit sind aber die Suppen, und das hat seinen Grund: Sie sind so herrlich wärmend und erinnern mich daran, wie ich als Kind umsorgt wurde. Deshalb koche ich heute, wenn ich merke, dass es jemandem nicht so gut geht, eine Suppe für sie oder ihn. Und Suppe kochen kann wirklich jeder. Deshalb kommt sie in diesem Kapitel ganz groß raus.

ZUPPA DI FARRO MIT ROSMARIN-PINIENKERN-ÖL

Diese fantastische Suppe habe ich kennengelernt, als wir vor vielen Jahren in der Toskana drehten. Ich ging zum Mittagessen in ein kleines Lokal und bestellte einfach das, was die Einheimischen aßen. Die Dinkelsuppe sah recht unspektakulär aus, aber ich war mir sicher, dass sie gut schmecken würde – und ich wurde nicht enttäuscht.

FÜR 6 PERSONEN

–

200 g getrocknete Borlotti-Bohnen

2 Zwiebeln

4 Knoblauchzehen

2 Möhren

2 Stangen Sellerie

½ Bund Rosmarin

150 g Guanciale oder Pancetta

Olivenöl

2 reife Tomaten

einige Zweige Thymian

einige Stängel Petersilie

175 g Dinkel

Meersalz und frisch gemahlener schwarzer Pfeffer

50 g Pinienkerne

Die Bohnen unter fließendem Wasser abspülen und unansehnliche Exemplare aussortieren. Die übrigen in einer großen Schüssel mindestens 5 cm hoch mit kaltem Wasser bedecken und 12 Stunden oder über Nacht einweichen.

Zwiebeln, Knoblauch und Möhren schälen und fein hacken. Den Sellerie putzen und ebenfalls fein hacken. Die Rosmarinnadeln abzupfen und fein hacken. Guanciale oder Pancetta fein würfeln.

Etwas Olivenöl bei niedriger bis mittlerer Temperatur in einem großen Topf erhitzen und das Gemüse mit der Guanciale und der Hälfte des Rosmarins 12–15 Minuten darin anschwitzen, bis es weich ist. Die Tomaten fein würfeln und dazugeben, die Bohnen abgießen und unterrühren, dann 2,5 Liter Wasser angießen. Thymian und Petersilie mit Küchengarn zusammenbinden und hinzufügen. Das Ganze langsam zum Kochen bringen, gegebenenfalls abschäumen und die Suppe bei leicht geöffnetem Deckel 3 Stunden bei schwächster Hitze köcheln lassen, bis die Bohnen weich sind. Dabei gelegentlich prüfen, ob noch genug Flüssigkeit im Topf ist und eventuell etwas Wasser nachgießen.

Die Bohnen mit dem Kartoffelstampfer leicht zerdrücken. Den Dinkel dazugeben, die Suppe kräftig mit Salz und Pfeffer würzen und erneut zum Kochen bringen. Die Suppe noch 1 Stunde köcheln lassen.

Inzwischen das Rosmarin-Pinienkern-Öl herstellen. Dazu die Pinienkerne in einer kleinen Pfanne ohne Zugabe von Fett bei schwacher bis mittlerer Hitze goldbraun rösten. Den restlichen Rosmarin und 6 Esslöffel Olivenöl dazugeben, das Ganze 4–5 Minuten erhitzen und die Pfanne anschließend vom Herd nehmen. Das Kräutersträußchen aus dem Topf nehmen, die Suppe noch einmal abschmecken. Auf Schalen verteilen, mit dem Rosmarin-Pinienkern-Öl beträufeln und servieren.

EISGEKÜHLTE AVOCADOSUPPE MIT GURKE UND RADIESCHEN

Schnell und einfach zuzubereiten ist diese leckere Suppe, mit der Sie auch noch etwas für Ihre Gesundheit tun. Denn Avocados sind reich an ungesättigten Fettsäuren, die Herzerkrankungen vorbeugen können.

FÜR 4 PERSONEN

–

½ rote Chilischote

½ Knoblauchzehe

1 Stück *(2 cm)* Ingwerwurzel

½ EL geröstete Sesamsamen

1 EL Sesamöl

1 EL salzarme Sojasauce

¼ Salatgurke

4 Radieschen

2 Limetten

2 reife Avocados

½ Bund Koriandergrün

600 ml eiskaltes Wasser

Meersalz und frisch gemahlener schwarzer Pfeffer

12 Eiswürfel

kleine Basilikumblätter

Die Chilischote von den Samen befreien und fein schneiden. Knoblauch und Ingwer schälen und reiben. Das Ganze in einer Schüssel mit Sesamsamen, Sesamöl und Sojasauce verrühren. Die Gurke der Länge nach halbieren und die Samen mit einem Teelöffel entfernen. Das Fruchtfleisch in dünne Scheiben schneiden und zu den übrigen Zutaten in die Schüssel geben. Die Radieschen putzen, grob zerkleinern und im Mörser leicht zerdrücken. Anschließend ebenfalls in die Schüssel geben und alles gut durchmischen. Den Saft von ½ Limette darüberpressen und die Schüssel zur Seite stellen.

Die Avocados halbieren, den Kern entfernen und das Fruchtfleisch mit einem Löffel aus der Schale lösen. Die Korianderblätter von den Stielen zupfen und mit dem Avocadofruchtfleisch, dem Saft der restlichen Limetten und dem Wasser in den Mixer füllen. Großzügig mit Salz und Pfeffer würzen und die Zutaten zu einer glatten, cremigen Suppe pürieren. Ist sie zu dick, noch etwas Wasser hinzufügen.

Die Suppe auf vier Schalen verteilen und jeweils 3 Eiswürfel einrühren (die Eiswürfel kühlen die Suppe nicht nur, Sie können sie damit auch noch etwas verdünnen, falls sie zu dick ist). Die Suppe einige Minuten ruhen lassen, danach mit Gurke und Radieschen und ihrer Marinade sowie den Basilikumblättern garnieren und servieren.

PASTINAKENSUPPE MIT SENF UND COMTÉ

Als wir noch Kinder waren, mühte sich meine arme Großmutter regelmäßig damit ab, den Halloumi für eine traditionelle zypriotische Suppe in winzige Würfel zu schneiden. Und kaum dass wir am Tisch saßen, hatten wir nichts Besseres zu tun, als den Käse wieder herauszupicken. Diese Suppe war zwar nicht so mein Fall, aber ich liebte es, wenn sich in meinem Teller kleine »Schätze« fanden. Und das ist bis heute so. Für mich macht das eine einfache Mahlzeit zu etwas ganz Besonderem. Genauso ist es bei dieser wundervollen Suppe mit dem leicht geschmolzenen Comté, von dem ich einfach nicht genug kriegen kann.

FÜR 4 PERSONEN

–

1 Zwiebel

1 Apfel

1 Stange Sellerie

Olivenöl

750 g Pastinaken

100 g Comté oder Gruyère

½ Bund Salbei

1 EL Senf

1 l Gemüsebrühe

300 ml Milch

Meersalz und frisch gemahlener schwarzer Pfeffer

1 Stückchen Butter

Die Zwiebel schälen und fein hacken. Den Apfel halbieren, das Kerngehäuse entfernen und das Fruchtfleisch klein schneiden. Den Sellerie putzen und ebenfalls fein hacken. Etwas Olivenöl bei schwacher bis mittlerer Hitze in einem großen Topf heiß werden lassen und das Gemüse mit dem Apfel darin 12–15 Minuten anschwitzen, ohne dass es Farbe annimmt.

Inzwischen die Pastinaken schälen und in 2–3 cm große Stücke schneiden. Den Käse in 1 cm große Würfel schneiden. Die Salbeiblätter von den Stielen zupfen.

Den Senf unter das Gemüse rühren und 1 Minute mit anschwitzen. Die Pastinaken dazugeben, die Brühe angießen und langsam zum Kochen bringen. Die Temperatur reduzieren und alles 15 Minuten köcheln lassen, bis die Pastinaken weich sind. Den Topf vom Herd nehmen, die Milch hineingießen, die Suppe mit dem Stabmixer pürieren und mit Salz und Pfeffer abschmecken. Ist sie zu dick, einfach noch etwas Milch hinzufügen. Die Suppe bei schwacher Hitze warm halten.

Die Butter mit etwas Olivenöl bei schwacher bis mittlerer Hitze in einer kleinen Pfanne zerlassen und die Salbeiblätter darin knusprig braten.

Den Käse auf vier Suppenschalen verteilen, die heiße Suppe darübergießen, mit den Salbeiblättern garnieren, mit der aromatisierten Butter beträufeln und servieren.

PETES BROKKOLISUPPE UND WARMER KÄSETOAST

Wenn es in meinem Leben ab sofort nur noch eine Suppe geben könnte, wäre es diese. Sie ist nicht wirklich außergewöhnlich, aber Brokkoli ist mein Lieblingsgemüse und diese Suppe vermittelt mir ein Gefühl der Vertrautheit und Geborgenheit. Und sie war das erste Gericht, das Pete für mich gekocht hat, lange bevor wir ein Paar wurden. Danach gab es ein dickes Sandwich, Wackelpudding und Eis. Alles Dinge, die ich besonders gerne mag und die meine Mutter oft für mich gemacht hat. Eigentlich hätte mir damals schon klar sein müssen, dass ich diesen Mann eines Tages heiraten werde. Der Käsetoast stammt allerdings von mir, denn Pete verabscheut Blauschimmelkäse.

FÜR 6 PERSONEN

–

1 Zwiebel

2 Knoblauchzehen

2 Stangen Lauch

50 g Butter

Olivenöl

10 Thymianzweige

600 g Brokkoli

1 mittelgroße Kartoffel *(etwa 150 g)*

1 l Gemüsebrühe

100 g Cheddar

75 g Stilton

6 Scheiben Weißbrot

flüssiger Honig

200 g Sahne

Meersalz und frisch gemahlener schwarzer Pfeffer

Die Zwiebel und den Knoblauch schälen und fein hacken. Den Lauch putzen und in feine Ringe schneiden. Etwas Butter und Olivenöl bei schwacher bis mittlerer Hitze in einem großen Topf zerlassen und das Gemüse mit den abgezupften Thymianblättern 15 Minuten darin anschwitzen, ohne dass es Farbe annimmt.

Den Brokkoli in gleich große Röschen zerteilen, die Stiele in Scheiben schneiden. Die Kartoffel schälen und in gleich große Stücke schneiden. Beides in den Topf geben, die Brühe angießen und zum Kochen bringen. Die Temperatur reduzieren und das Ganze zugedeckt 12–15 Minuten köcheln lassen, bis Brokkoli und Kartoffel weich sind.

Inzwischen eine Grillpfanne oder eine große beschichtete Pfanne bei hoher Temperatur heiß werden lassen. Den Cheddar raspeln, den Stilton in Streifen schneiden oder zerkrümeln und beides miteinander mischen. Die Brotscheiben auf beiden Seiten mit etwas Butter bestreichen. Den Käse auf der Hälfte der Brote verteilen und die restlichen Scheiben auflegen. Die Sandwichs anschließend in der Pfanne auf beiden Seiten goldbraun rösten. Wenn Sie eine beschichtete Pfanne verwenden, die Brote dabei am besten leicht beschweren. Den fertigen Toast aus der Pfanne nehmen, auf ein Schneidebrett legen und mit etwas Honig beträufeln.

Die Suppe mit dem Stabmixer pürieren und mit der Sahne verrühren. Mit Salz und Pfeffer abschmecken. Den Toast in Streifen schneiden und zu der heißen Suppe servieren. Ein Gedicht!

SÜSSKARTOFFELSUPPE MIT SPINAT UND KICHERERBSEN

Dieses Rezept habe ich ursprünglich für meine Eltern entwickelt, die eine ähnliche Suppe im Urlaub gegessen hatten. Inzwischen gehört die gehaltvolle, sättigende Suppe zu den absoluten Lieblingsgerichten der ganzen Familie.

FÜR 6 PERSONEN

–

550 g Süßkartoffeln *(etwa 3 Stück)*

Olivenöl

1 Dose *(400 g)* Kichererbsen, abgetropft

Meersalz und frisch gemahlener schwarzer Pfeffer

1 Bio-Zitrone

1½ TL gemahlener Kreuzkümmel

2 Zwiebeln

2 Knoblauchzehen

½ Bund Koriandergrün

1 grüne Chilischote

1 TL gemahlener Koriander

800 ml Gemüsebrühe

1 Dose *(400 g)* fettreduzierte Kokosmilch

200 g Spinat

Den Backofen auf 200 °C vorheizen. Die Süßkartoffeln mit etwas Olivenöl einreiben, auf ein Backblech legen und für 30 Minuten in den Ofen schieben, bis sie fast gar sind.

Die Kichererbsen um die Süßkartoffeln herum verteilen, mit etwas Öl beträufeln und kräftig mit Salz und Pfeffer würzen. Die Zitronenschale darüberreiben und alles mit ½ Teelöffel Kreuzkümmel bestreuen. Gut durchmischen und das Blech für weitere 15 Minuten in den Backofen schieben, bis die Kichererbsen goldbraun und knusprig und die Süßkartoffeln gar sind.

Inzwischen etwas Olivenöl bei niedriger bis mittlerer Temperatur in einem großen beschichteten Topf erhitzen. Zwiebeln und Knoblauch schälen, fein hacken und etwa 10 Minuten darin anschwitzen. Die Korianderblätter von den Stielen zupfen. Die Blätter zur Seite legen, die Stiele fein hacken. Die Chilischote der Länge nach halbieren, die Samen entfernen und das Fruchtfleisch fein schneiden. Mit den Korianderstielen, dem restlichen Kreuzkümmel und dem gemahlenen Koriander in den Topf geben und 3–4 Minuten mitbraten.

Die Süßkartoffeln von der Schale befreien, grob zerkleinern und mit dem größten Teil der Kichererbsen in den Topf geben. Die Brühe und die Kokosmilch angießen, langsam zum Kochen bringen und die Suppe kräftig mit Salz und Pfeffer würzen. Die Temperatur reduzieren und die Suppe etwa 10 Minuten zugedeckt köcheln lassen.

Den Spinat dazugeben und einige Minuten mitgaren. Den Topf vom Herd nehmen, den größten Teil der Korianderblätter einrühren und die Suppe mit dem Stabmixer mehr oder weniger glatt pürieren. Falls nötig, noch etwas Brühe oder Wasser hinzufügen, bis die Suppe die gewünschte Konsistenz hat. Den Saft der Zitrone hineinpressen, die Suppe noch einmal abschmecken, mit den restlichen Kichererbsen und Korianderblättern bestreuen und servieren.

BLUMENKOHL-KOKOS-SUPPE

Kinderleicht zuzubereiten ist diese gehaltvolle, wunderbar cremige Suppe mit der pikanten Note. Wir lieben sie sehr und kochen sie gern, wenn wir müde von der Arbeit nach Hause kommen und ganz dringend ein warmes Essen brauchen.

FÜR 4–6 PERSONEN

–

2 Zwiebeln

600 g Blumenkohl

4 Knoblauchzehen

1 gehäufter TL Zimt

1 gehäufter TL Ras-el-Hanout

Meersalz und frisch gemahlener schwarzer Pfeffer

Olivenöl

1 Handvoll Kokos-Chips

1 Dose *(400 g)* fettreduzierte Kokosmilch

600 ml Gemüsebrühe

2–3 EL Chiliöl

Den Backofen auf 180 °C vorheizen.

Die Zwiebeln schälen und in 1 cm dicke Spalten schneiden. Den Blumenkohl in gleich große Röschen zerteilen, dabei die Blätter nicht wegwerfen. Beides mit den ungeschälten Knoblauchzehen in einer großen ofenfesten Form verteilen, mit Zimt und Ras-el-Hanout bestreuen, kräftig mit Salz und Pfeffer würzen und großzügig mit Olivenöl beträufeln. Die Zutaten gut vermischen und den Blumenkohl 25–30 Minuten im Backofen rösten, bis er weich und stellenweise schön gebräunt ist. 3–4 Minuten vor Ende der Garzeit die Kokos-Chips in einer kleinen ofenfesten Form verteilen und ebenfalls in den Backofen stellen, damit sie etwas Farbe annehmen (wenn die Kokos-Chips gesüßt sind, vorher einige Minuten in etwas kochendem Wasser einweichen und dann in einem Sieb abtropfen lassen).

Die Knoblauchzehen aus der Form nehmen, Blumenkohl und Zwiebeln in einen großen Topf füllen. Die Knoblauchzehen über dem Topf aus der Schale pressen. Kokosmilch und Brühe angießen und langsam zum Kochen bringen. Die Temperatur etwas reduzieren und die Suppe 5 Minuten köcheln lassen. Den Topf vom Herd nehmen, die Suppe mit dem Stabmixer pürieren, bis sie glatt und cremig ist. Falls nötig, mit etwas Wasser verdünnen.

Die Suppe noch einmal abschmecken, mit den gerösteten Kokos-Chips bestreuen, mit etwas Chiliöl beträufeln und servieren.

SALMOREJO

Gewissermaßen der kleine Bruder des beliebten Gazpacho. Ich bin immer wieder begeistert, wie schnell man mit ein paar einfachen Zutaten etwas so Köstliches, Erfrischendes herstellen kann. Gerade an heißen Sommertagen ist ein Glas Salmorejo eine wahre Wohltat. Aber nur mit reifen Tomaten wird diese kalte Suppe zu einem Hochgenuss. Und deshalb mache ich sie ausschließlich im Sommer während der Tomatensaison.

FÜR 4 PERSONEN

–

2 große Hühnereier oder 4 Wachteleier

1 Scheibe Serranoschinken *(1cm dick)*

einige Stängel glatte Petersilie

8 große, reife Tomaten

1 Knoblauchzehe

2 dicke Scheiben Weißbrot *(etwa 100g)*

125ml natives Olivenöl extra

1 Schuss Sherryessig

Meersalz und frisch gemahlener schwarzer Pfeffer

8 Eiswürfel zum Servieren

Die Eier hart kochen (Hühnereier benötigen 7, Wachteleier 3 Minuten), unter fließendem kaltem Wasser abschrecken, pellen und grob hacken. Den Schinken in kleine Würfel schneiden. Die Petersilienblätter von den Stielen zupfen und hacken.

Wasser in einem großen Topf zum Kochen bringen, den Topf vom Herd nehmen. Die Tomaten am Stielansatz kreuzweise einritzen und 1–2 Minuten in das kochend heiße Wasser legen, bis sich die Haut abzulösen beginnt. Die Tomaten abgießen und vorsichtig häuten.

Die Tomaten grob hacken und in den Mixer geben. Den Knoblauch schälen, grob hacken und zu den Tomaten geben. Das Ganze anschließend pürieren, bis eine glatte Suppe entstanden ist. Die Weißbrotscheiben entrinden, zu den Tomaten geben und untermixen. Zum Schluss das Öl und einen kräftigen Schuss Sherryessig unterrühren. Die Suppe mit Salz und Pfeffer abschmecken und, falls nötig, noch etwas Essig hinzufügen. In einen Krug füllen und für einige Stunden in den Kühlschrank stellen. Den Salmorejo mit den gehackten Eiern, dem Schinken und etwas Petersilie garniert auf Eis servieren.

GESCHICHTETE BROTSUPPE MIT LAUCH UND WIRSING

Diese fabelhafte Suppe aus altbackenem Brot, Wirsing und Käse ist meine Version eines italienischen Klassikers. Wohlfühlküche mit Substanz.

FÜR 6 PERSONEN

–

800 g Wirsing oder Schwarzkohl *(oder eine Mischung aus beidem)*

4 Stangen Lauch

2 Zwiebeln

4 Knoblauchzehen

1 große Fenchelknolle

200 g gereifter Cheddar

½ TL Fenchelsamen

3 l Gemüsebrühe

Saft von ½ Zitrone

Olivenöl

½ Bund Salbei

4 Sardellenfilets

Meersalz und frisch gemahlener schwarzer Pfeffer

1 helles Sauerteigbrot, möglichst einige Tage alt

Die dicken Blattrippen aus den Kohlblättern heraustrennen. Die Blätter aufrollen und in 0,5 cm breite Streifen schneiden. Den Lauch putzen und in Ringe schneiden. Zwiebeln und Knoblauch schälen und fein schneiden. Den Fenchel putzen und in dünne Spalten schneiden. Den Käse raspeln. Die Fenchelsamen im Mörser fein zerstoßen.

Die Brühe in einem großen Topf aufkochen lassen. Den Kohl 5 Minuten darin blanchieren, mit einem Schaumlöffel herausnehmen und in eine Schüssel geben. Die Brühe mit dem Zitronensaft verrühren und auf der Herdplatte heiß halten.

Den Backofen auf 180 °C vorheizen. Etwas Olivenöl in einer beschichteten Pfanne erhitzen. Die Salbeiblätter von den Stielen zupfen und fein schneiden (einige ganze Blätter zum Garnieren aufheben) und mit dem Knoblauch einige Minuten bei schwacher bis mittlerer Hitze anschwitzen, bis der Knoblauch etwas Farbe angenommen hat. Fenchel, Fenchelsamen, Lauch und Sardellen dazugeben und die Temperatur reduzieren. Das Gemüse 12–15 Minuten anschwitzen, ohne dass es Farbe annimmt. Den blanchierten Kohl hinzufügen, kräftig mit Salz und Pfeffer würzen, die Zutaten gut durchmischen und die Pfanne vom Herd nehmen.

Das Brot in 12–15 Scheiben schneiden und bis auf 5 Scheiben goldbraun rösten. Die Hälfte des gerösteten Brots in eine ofenfeste Form (etwa 25 cm ⌀) schichten, sodass der Boden gleichmäßig bedeckt ist (falls nötig, die Scheiben entsprechend zurechtschneiden). Die Hälfte der Kohlmischung darauf verteilen und mit einem Drittel des Käses bestreuen. Den Vorgang nochmals wiederholen und das Ganze mit so viel Brühe aufgießen, dass die Form fast voll ist. Die ungetoasteten Brotscheiben darauf verteilen und in die Brühe drücken, sodass sie damit bedeckt sind. Mit dem restlichen Käse und dem Salbei bestreuen, mit etwas Olivenöl beträufeln und 20–25 Minuten im Ofen goldbraun überbacken. Sofort in der Form servieren.

WANTAN MIT KREBSFLEISCH-GARNELEN-FÜLLUNG IN BRÜHE

Eine Schale Suppe mit gefüllten Teigtaschen macht mich glücklich. Nicht nur optisch ein Highlight, ist sie obendrein auch noch ganz leicht herzustellen. Die Nudelblätter für Wantan bekommen Sie im Asia-Laden oder über das Internet. Man kann gut gleich eine größere Menge kaufen und einfrieren. Und wer keine Meeresfrüchte mag, nimmt für die Füllung stattdessen 200 Gramm Schweinehackfleisch.

FÜR 4–6 PERSONEN

–

100 g Krebsfleisch *(ich nehme gerne 50 g weißes und 50 g braunes)*

1 EL Austernsauce

1 EL Sesamöl

100 g Garnelen *(gekocht und geschält)*

1 Stück *(2 cm)* Ingwerwurzel

1 Knoblauchzehe

24 Wantanblätter

1,2 l Fisch- oder Hühnerbrühe

2 Maiskolben

2 Frühlingszwiebeln

1 EL salzarme Sojasauce

Meersalz und frisch gemahlener schwarzer Pfeffer

1 rote Chilischote

½ Bund Schnittlauch

1 Kästchen rote Sprossen

kleine Basilikumblätter zum Servieren

Das Krebsfleisch in einer Schüssel mit der Austernsauce und der Hälfte des Sesamöls vermengen. Die Garnelen hacken und dazugeben. Ingwer und Knoblauch schälen, fein reiben und ebenfalls untermischen. Für die Wantan eine kleine Schale mit Wasser und ein Tablett bereitstellen.

Ein Wantan-Blatt auf die Arbeitsfläche legen. Den Rand rundherum mit Wasser befeuchten und einen Teelöffel der Krebsfleischmischung in die Mitte setzen. Den Teig so darüber verschließen, dass eine Art Beutel entsteht, und diesen oben zusammendrücken (wie Sie die Teigtaschen falten, ist im Prinzip aber egal, Hauptsache sie sind gut verschlossen). Mit den übrigen Wantan-Blättern ebenso verfahren.

Eine Grillpfanne bei hoher Temperatur vorheizen und Wasser in einem großen Topf zum Kochen bringen. Die Brühe in einem zweiten Topf bei mittlerer Hitze zum Köcheln bringen. Die Maiskolben in die Grillpfanne legen und rundherum einige Minuten grillen, bis sie gar sind. Anschließend aufrecht auf ein Schneidebrett stellen, die Körner vorsichtig mit einem Messer ablösen und in die Brühe geben. Die Frühlingszwiebeln putzen, in feine Ringe schneiden und mit der Sojasauce und dem restlichen Sesamöl zur Brühe geben. Die Brühe anschließend mit Salz und Pfeffer abschmecken. Die Chilischote der Länge nach halbieren, die Samen entfernen und die Schote fein schneiden. Den Schnittlauch in Röllchen schneiden.

Kurz vor dem Servieren die Teigtaschen ins kochende Wasser geben und garen, bis sie an die Oberfläche steigen. Auf Suppenschalen verteilen, mit der Brühe übergießen und mit Chili, Schnittlauch, Sprossen und Basilikumblättern bestreut servieren.

HÜHNERSUPPE MIT KRÄUTERKLÖSSCHEN

So eine klassische Hühnersuppe kochte meine Oma oder meine Mutter für uns Kinder, wenn wir krank waren, denn sie soll wahre Wunder wirken. Nicht von ungefähr gilt die Version mit Matzenklößchen ja auch als das jüdische Penicillin. Ob das nun stimmt oder nicht – fest steht in jedem Fall, diese Suppe wärmt Leib und Seele. Und der Zitronensaft macht sie zu einer regelrechten Vitamin-C-Bombe – genau das Richtige also, wenn man mit einer Erkältung zu kämpfen hat. Anstelle der Kräuterklößchen können Sie auch Reis als Einlage nehmen.

FÜR 6 PERSONEN

–

1 Hähnchen *(etwa 1,2 kg)*

2 Möhren

2 Stangen Sellerie

2 Zwiebeln

6 Gewürznelken

einige Thymianzweige

1 frisches Lorbeerblatt

½ Bund glatte Petersilie

½ Zimtstange

Meersalz und frisch gemahlener schwarzer Pfeffer

2 Stangen Lauch

Olivenöl

4 Zitronen

einige Stängel gemischte Kräuter *(ich bevorzuge eine Mischung aus Schnittlauch, Kerbel und Dill)*

150 g Mehl

1 TL Backpulver

1 TL Senfpulver

50 g Hähnchenfett *(von der Brühe abgeschöpft)* oder Butter

75 ml Milch

Das Hähnchen in einen großen Topf legen und mit kaltem Wasser bedecken. Die Möhren schälen, den Sellerie putzen und beides grob würfeln. 1 Zwiebel schälen, halbieren und mit den Gewürznelken spicken. Thymian, Lorbeerblatt und die Hälfte der Petersilie mit Küchengarn zu einem Kräutersträußchen zusammenbinden. Das Gemüse und das Kräutersträußchen mit der Zimtstange in den Topf geben und das Ganze mit Pfeffer und 1 Teelöffel Salz würzen.

Alles bei mittlerer Hitze zum Kochen bringen, 5 Minuten köcheln lassen, dann die Brühe abschäumen. Die Temperatur reduzieren, den Deckel auflegen und das Hähnchen etwa 1 Stunde bei schwacher Hitze pochieren, bis es gar ist. Ist es danach noch nicht durchgegart, die Kochzeit um 10–15 Minuten verlängern.

In der Zwischenzeit die zweite Zwiebel schälen und fein hacken. Den Lauch putzen und in feine Ringe schneiden. Etwas Olivenöl bei schwacher bis mittlerer Hitze in einem großen Topf heiß werden lassen und das Gemüse etwa 15 Minuten darin anschwitzen, ohne dass es Farbe annimmt. »

« Das Hähnchen aus der Brühe nehmen und zur Seite legen. Das Kräutersträußchen, die Zimtstange und die Zwiebelhälften herausnehmen und wegwerfen. Von der Brühe etwa 2,5 Liter abmessen. Reicht die Menge nicht aus, einfach mit kochendem Wasser auffüllen. Die Brühe mit dem Sellerie und den Möhren in den Topf mit der Lauch-Zwiebel-Mischung gießen. Das Hähnchen enthäuten, das Fleisch von den Knochen lösen, in mundgerechte Stücke schneiden und zur Brühe geben. (Die Karkasse nicht wegwerfen, man kann sie noch auskochen, siehe Seite 248.) Den Saft von 3–4 Zitronen hinzufügen und die Suppe noch einmal abschmecken.

Die gemischten Kräuter und die restliche Petersilie hacken. Zwei Drittel der Kräutermischung in einer Schüssel mit Mehl, Backpulver, Senfpulver und 1 kräftigen Prise Salz mischen. Das Hähnchenfett oder die Butter in einem kleinen Topf zerlassen, mit der Milch über die Mehlmischung gießen und alles kurz verrühren. Mit einem Teelöffel kleine Portionen von dem Teig abstechen und zu Kugeln rollen. Die Klößchen sollten nicht zu groß sein, denn sie gehen beim Kochen noch auf. Die Teigmenge ist für etwa 24 Klößchen berechnet. Die Klößchen in die Brühe geben und zugedeckt 5 Minuten garen. Die Suppe mit den Klößchen auf Suppenschalen verteilen, mit den restlichen gehackten Kräutern bestreuen und servieren.

SCHWARZE-BOHNEN-SUPPE MIT SCHWEINEFLEISCH UND GREEN-GODDESS-DRESSING

Dieser gehaltvolle Eintopf mag zwar optisch nicht allzu viel hermachen, geschmacklich ist er allerdings ein absoluter Knüller.

FÜR 6 PERSONEN

–

2 grüne Paprikaschoten

750 g Schweineschulter

250 g Spitzkohl oder Mangold

2 Zwiebeln

2 Knoblauchzehen

2 Stangen Sellerie

1 Chipotle-Chilischote *(ersatzweise eine Messerspitze Chiliflocken und ½ TL süßes geräuchertes Paprikapulver)*

Olivenöl

2 TL gemahlener Kreuzkümmel

2 TL getrockneter Oregano

2 Dosen *(à 400 g)* schwarze Bohnen

750 ml Rinder- oder Hühnerbrühe

Meersalz und frisch gemahlener schwarzer Pfeffer

1 Avocado

250 g Naturjoghurt

½ Bund Koriandergrün

Saft von 2 Limetten

50 g Kürbiskerne *(oder die Körnermischung von Seite 82)*

Die Paprikaschoten etwa 10 Minuten über einer offenen Flamme oder unter dem Backofengrill rösten, bis die Haut verbrannt ist. Anschließend in eine Schüssel legen, mit Frischhaltefolie abdecken und 5 Minuten ruhen lassen.

Inzwischen das Fleisch in 1–2 cm große Stücke schneiden. Den Spitzkohl oder Mangold putzen und in Streifen schneiden. Zwiebeln und Knoblauch schälen und fein hacken. Den Sellerie putzen und in dünne Scheiben schneiden. Die Chilischote fein hacken.

Einen kräftigen Schuss Olivenöl bei mittlerer Temperatur in einem großen Topf erhitzen und das Fleisch darin etwa 10 Minuten rundherum anbraten. In eine Schüssel füllen und zur Seite stellen. Die Temperatur reduzieren und den Sellerie mit Zwiebel und Knoblauch 10–15 Minuten anschwitzen. Kreuzkümmel, Oregano und die Chilischote 1–2 Minuten mitbraten.

Die Paprikaschoten häuten, Stiele und Samen entfernen, das Fruchtfleisch in 1,5 cm große Stücke schneiden und in den Topf geben. Das Fleisch sowie die Bohnen mit ihrer Flüssigkeit hinzufügen und die Brühe angießen. Das Ganze zum Kochen bringen, dann die Suppe zugedeckt 1 Stunde köcheln lassen. Nach der Hälfte der Kochzeit den Spitzkohl oder Mangold dazugeben und noch etwas Wasser hinzufügen, falls nötig.

Für das Dressing die Avocado halbieren, den Kern entfernen und das Fruchtfleisch mit einem Löffel aus der Schale lösen. Mit dem Joghurt, dem größten Teil des Koriandergrüns und dem Limettensaft im Mixer pürieren und mit Salz und Pfeffer abschmecken. Die Kürbiskerne 4–5 Minuten bei schwacher bis mittlerer Hitze in einer Pfanne goldbraun und knusprig rösten.

Nach 1 Stunde prüfen, ob das Fleisch gar ist (es sollte sehr weich sein). Ist das nicht der Fall, noch 10–15 Minuten weitergaren. Die Suppe auf Portionsschalen verteilen, mit dem Dressing beträufeln, mit den Kürbiskernen und dem restlichen Koriandergrün bestreuen und servieren.

SCHNELLE VIETNAMESISCHE PHO

Da wir in East London wohnen, wo es jede Menge vietnamesische Restaurants gibt, steht diese Suppe regelmäßig auf unserem Speiseplan. Wenn ich durchgefroren, müde oder hungrig nach Hause komme, ist sie genau das Richtige – ein echtes Wohlfühlgericht. Die Zubereitung einer klassischen Pho erfordert relativ viel Zeit, denn damit die Suppe ihren intensiven Geschmack entfaltet, müssen Rinderknochen über mehrere Stunden gekocht werden. Es gibt aber eine Abkürzung, die ich Ihnen hier vorstellen möchte. Sie ist ideal, wenn man allein zu Hause ist und sich ohne großen Aufwand mit etwas Leckerem verwöhnen will.

FÜR 1 PERSON

–

1 kleine Zwiebel

1 Stück *(2 cm)* Ingwerwurzel

650 ml Rinderbrühe

1 Sternanis

1 kleine Zimtstange

1 EL Fischsauce

100 g mitteldicke, flache Reisnudeln

1 Handvoll Bohnensprossen

1 Frühlingszwiebel

½ rote Chilischote *(wenn Sie gerne scharf essen, nehmen Sie Bird's Eye)*

150 g Rindersteak Ihrer Wahl

Erdnuss- oder Pflanzenöl

Salz und frisch gemahlener schwarzer Pfeffer

1 TL Rohrohrzucker

einige Stängel Koriandergrün, Minze und Thai-Basilikum

½ Limette

Sriracha-Sauce oder eine andere Chilisauce zum Servieren

Die Zwiebel und den Ingwer ungeschält 5–10 Minuten über einer offenen Gasflamme (oder unter dem Backofengrill) rösten, bis sie rundherum gleichmäßig verbrannt sind. Zwiebel und Ingwer anschließend halbieren und mit der Brühe, den Gewürzen und der Fischsauce in einen mittelgroßen Topf geben. Die Brühe zum Kochen bringen, die Temperatur reduzieren und das Ganze 30 Minuten köcheln lassen.

Inzwischen die übrigen Zutaten vorbereiten. Die Nudeln nach Packungsanweisung kochen, mit kaltem Wasser abschrecken und in eine Servierschale füllen. Die Bohnensprossen gründlich abspülen. Die Frühlingszwiebel putzen und in feine Ringe schneiden. Die Chilischote ebenfalls in Ringe schneiden. Eine kleine Brat- oder Grillpfanne bei hoher Temperatur vorheizen. Das Fleisch mit etwas Öl, Salz und Pfeffer einreiben und auf beiden Seiten einige Minuten grillen, bis es nach Wunsch gegart ist (denken Sie dabei daran, dass es in der heißen Brühe weitergart). Anschließend einige Minuten ruhen lassen und dann in Scheiben schneiden.

Den Zucker in die Brühe rühren, mit Salz und Pfeffer abschmecken und, falls nötig, noch etwas Fischsauce hinzufügen. Die Temperatur erhöhen, die Brühe noch einmal aufkochen lassen und dann durch ein Sieb in die Servierschale gießen (es sollten etwa 400 ml Brühe sein). Fleisch, Sprossen, Frühlingszwiebel und Chilischote hineingeben und die Kräuter, die Limettenhälfte und die Sriracha-Sauce getrennt anrichten.

MUFFINS MIT FENCHEL UND SALSICCIA

Diese Muffins schmecken nicht nur hervorragend zu einer Schale Suppe, sie sind auch ideal als Snack, für ein Partybüfett oder fürs Picknick. Sie sind skeptisch? Dann sollten Sie dieses pikante Gebäck unbedingt einmal ausprobieren. Selbst meine Mutter, die anfangs ihre Vorbehalte hatte, ist inzwischen ein absoluter Fan.

ERGIBT 24 STÜCK

–

1 Knoblauchzehe

1 TL Fenchelsamen

200 g Salsiccia *(oder andere grobe Bratwurst)*

½ TL Chiliflocken

150 ml Olivenöl

½ Bund Frühlingszwiebeln

350 g Mehl

1½ EL Backpulver

Meersalz und frisch gemahlener schwarzer Pfeffer

2 große Eier

275 ml Milch

135 ml Buttermilch

200 g gereifter Cheddar, geraspelt

einige Stängel glatte Petersilie

Den Backofen auf 180 °C vorheizen und zwei Muffinformen mit Papierbackförmchen auskleiden (wenn Sie nur eine Form besitzen, können Sie die Muffins auch nacheinander backen).

Den Knoblauch schälen und durch die Presse drücken oder fein hacken. Die Fenchelsamen im Mörser zerstoßen. Eine große beschichtete Pfanne bei mittlerer bis hoher Temperatur heiß werden lassen. Das Wurstbrät aus der Pelle drücken, mit Knoblauch, Chiliflocken, Fenchelsamen und einem Schuss Olivenöl in die heiße Pfanne geben und goldbraun und knusprig braten. Das Brät dabei mit einem Pfannenwender zerkrümeln. Die Mischung anschließend auf einem Teller abkühlen lassen.

Die Frühlingszwiebeln putzen und in feine Ringe schneiden. Den größten Teil mit Mehl, Backpulver sowie 1 kräftigen Prise Salz und Pfeffer in eine Schüssel geben. In einem Rührbecher die Eier kräftig mit Olivenöl, Milch und Buttermilch verquirlen.

Den größten Teil des Wurstbräts und des Käses zur Mehlmischung geben. In der Mitte eine Vertiefung drücken und die Eiermischung hineingießen. Die fein gehackten Petersilienblätter hinzufügen und das Ganze vorsichtig verrühren. Nicht zu lange rühren, sonst werden die Muffins zäh. Der Teig darf ruhig noch ein paar Klümpchen enthalten.

Den Teig auf die Vertiefungen der Muffinformen verteilen. Mit der restlichen Frühlingszwiebel, dem restlichen Wurstbrät und Käse bestreuen und 18–20 Minuten backen. Die Muffins 5 Minuten in der Form abkühlen lassen, dann zum Auskühlen auf ein Kuchengitter setzen.

KNUSPRIGE KERNE

Diese Mischung peppt jede Suppe auf und liefert obendrein wertvolles Eiweiß. Geröstet sind Kerne und Samen recht lange haltbar.

FÜR 10 PORTIONEN

–

1½ TL Kreuzkümmelsamen

1½ TL Koriandersamen

1½ TL Fenchelsamen

Meersalz und frisch gemahlener schwarzer Pfeffer

100 g Kürbiskerne

75 g Sonnenblumenkerne

2 EL Sesamsamen

1 EL Mohnsamen

1½ TL süßes geräuchertes Paprikapulver

Olivenöl

Den Backofen auf 180 °C vorheizen.

Kreuzkümmel, Koriander und Fenchel mit 1 kräftigen Prise Salz und Pfeffer im Mörser fein zerstoßen. Mit den restlichen Kernen und Samen sowie dem Paprikapulver mischen und großzügig mit Olivenöl beträufeln. Das Ganze gut durchmischen, bis die Samen mit dem Öl überzogen sind, und die Mischung in einer ofenfesten Form verteilen.

Die Form für 8 Minuten in den Backofen schieben. Anschließend alles einmal kräftig durchmischen und dann weitere 4–5 Minuten rösten. Vollständig auskühlen lassen und in einem luftdicht verschlossenen Behälter aufbewahren. Die Mischung ist so mindestens 1 Monat haltbar. Ideal zum Bestreuen von Suppen, aber auch zum Verfeinern von Salaten.

SCHNELLES VOLLKORN-FLADENBROT AUS DER PFANNE

Ich bin immer wieder begeistert, wie einfach diese Fladenbrote herzustellen sind. Und dann schmecken sie auch noch großartig, sind gesund – sie enthalten reichlich Ballaststoffe – und passen zu fast allem.

ERGIBT 8 STÜCK

–

250 g Weizenvollkornmehl

1 EL Haferkleie

2 TL Backpulver

1 TL Meersalz

275 g Naturjoghurt

Eine Grillpfanne bei hoher Temperatur vorheizen.

In einer großen Rührschüssel das Mehl mit der Kleie, dem Backpulver und dem Salz mischen. In die Mitte eine Vertiefung drücken und den Joghurt hineingeben. Das Ganze mit einer Gabel vermengen, bis ein homogener Teig entstanden ist.

Den Teig 1 Minute auf der leicht bemehlten Arbeitsfläche durchkneten. Zu einer Rolle formen. Diese halbieren und die Hälften anschließend vierteln. Die Stücke zu Kugeln formen und dann etwa 1 cm dick ausrollen. Die Fladenbrote in der vorgeheizten Grillpfanne auf jeder Seite 2–3 Minuten backen. Sofort servieren oder in Alufolie warm halten, bis alle Brote gebacken sind.

3

SCHNELL + LEICHT

Wie die meisten Menschen kenne auch ich Tage, an denen der Appetit und die Lust am Kochen nicht so groß sind. Manchmal bin ich einfach nicht besonders hungrig, manchmal fehlt aber auch die Energie. Und dann gibt es wieder Zeiten, da könnte ich in einem fort essen und würde am liebsten den ganzen Tag in der Küche stehen. Im Mittelpunkt des folgenden Kapitels stehen einfache und leichte Gerichte für das erste Szenario. Und auch, wenn ich nicht garantieren kann, dass sie Ihnen zu Modelmaßen verhelfen werden – figurfreundlich sind sie in jedem Fall.

LINSENKÜCHLEIN MIT FETA UND SPINAT

Diese von der griechischen Küche inspirierten Küchlein sind schnell gemacht, wenn man abends nach Hause kommt. Sie eignen sich als kleine Mahlzeit, aber auch als Vorspeise und lassen sich mit den unterschiedlichsten Zutaten – Ziegenkäse, Halloumi, Basilikum oder was man sonst gerade zur Hand hat – abwandeln.

FÜR 4 PERSONEN (ERGIBT 12 STÜCK)

–

½ Bund Dill, plus Dill zum Servieren

300 g griechischer Joghurt

1 kleine Knoblauchzehe

1 Zitrone

Meersalz und frisch gemahlener schwarzer Pfeffer

natives Olivenöl extra

200 g junger Spinat

1 Dose *(400 g)* Linsen, abgetropft

2 große Eier

einige Stängel glatte Petersilie

100 g Feta

75 g Semmelbrösel

Für den Dip den Dill von den Stielen zupfen, fein hacken und in einer Schüssel mit dem Joghurt verrühren. Den Knoblauch schälen und durch die Presse dazudrücken, den Saft der Zitrone hineinpressen und alles großzügig mit Salz und Pfeffer würzen. Einen kräftigen Schuss Olivenöl unterrühren und den Dip zur Seite stellen.

Etwas Olivenöl bei niedriger bis mittlerer Temperatur in einer großen beschichteten Pfanne erhitzen. Den Spinat hineingeben, einen Deckel auflegen und die Blätter bei schwacher Hitze kurz zusammenfallen lassen. In einem Sieb abkühlen lassen, dann gut ausdrücken und hacken. Die Pfanne sauber reiben.

Die Linsen etwa 30 Sekunden in der Küchenmaschine pürieren, bis eine relativ cremige Masse entstanden ist. 1 Ei hinzufügen, das Ganze glatt rühren und in eine Schüssel füllen. Den restlichen Dill und das zweite Ei untermischen und die Masse mit 1 kräftigen Prise Salz und Pfeffer würzen. Die Petersilienblätter abzupfen und hacken, den Feta zerkrümeln, beides dazugeben, dann die Semmelbrösel und den Spinat sorgfältig untermischen.

So viel Olivenöl in die Pfanne gießen, dass der Boden gerade bedeckt ist, und bei mittlerer Temperatur heiß werden lassen. Mit einem Teelöffel kleine Portionen von der Linsenmasse abstechen, vorsichtig in das heiße Öl gleiten lassen und leicht flach drücken. Die Küchlein auf jeder Seite 4 Minuten goldbraun braten.

Die Linsenküchlein mit abgezupftem Dill bestreuen und heiß mit dem Joghurtdip servieren, dazu passt ein grüner Salat.

PUDLA

Diese köstlichen indischen Pfannkuchen werden aus Kichererbsenmehl hergestellt, sind also glutenfrei, und da mein Rezept keine Milchprodukte enthält, ist es sogar für Veganer geeignet. Aber auch allen anderen wird dieses schnelle, gesunde Gericht schmecken. Kichererbsen sind reich an Eiweiß und liefern darüber hinaus sämtliche Nährstoffe, die für eine ausgewogene Ernährung wichtig sind.

FÜR 4 PERSONEN

–

1 rote Zwiebel

Saft von ½ Zitrone

½ grüne Chilischote

½ Bund Koriandergrün

½ TL gemahlener Koriander

1 Prise Kurkuma

250 g Kichererbsenmehl

Meersalz und frisch gemahlener schwarzer Pfeffer

½ TL Kreuzkümmelsamen

3 reife Tomaten

1 reife Avocado

50 g Rucola

Erdnussöl

Mangochutney zum Servieren

Die Zwiebel schälen und halbieren. Eine Hälfte in dünne Scheiben schneiden und mit dem Zitronensaft in eine Salatschüssel geben. Die zweite Zwiebelhälfte fein hacken. Die Chilischote von den Samen befreien, ebenfalls fein hacken und mit der gehackten Zwiebel in eine Rührschüssel geben. Das Koriandergrün hacken und den größten Teil mit den Gewürzen, dem Mehl sowie 1 kräftigen Prise Salz und Pfeffer hinzufügen.

Den Kreuzkümmel 1 Minute bei schwacher bis mittlerer Hitze in einer großen beschichteten Pfanne rösten, bis er sein Aroma entfaltet. Zu den übrigen Zutaten in die Rührschüssel geben und alles gut durchmischen. So viel kaltes Wasser (etwa 300 ml) einrühren, dass ein dünner Teig entsteht, der den Rücken eines Rührlöffels überzieht.

Die Tomaten halbieren, die Samen entfernen und das Fruchtfleisch in Streifen schneiden. Die Avocado halbieren, den Kern entfernen und das Fruchtfleisch in Stücke schneiden. Beides in die Salatschüssel geben und alles durchmischen (die Avocados sollten dabei zu einem cremigen Brei zerfallen). Das restliche Koriandergrün und die Rucolablätter dazugeben, mit Salz und Pfeffer würzen und den Salat nochmals durchmischen.

Den Backofen auf 150 °C vorheizen. Die beschichtete Pfanne bei mittlerer Hitze erneut auf die Herdplatte stellen. Etwas Erdnussöl hineingießen und mit einem Stück Küchenpapier gleichmäßig auf dem Pfannenboden verreiben. Einen Schöpflöffel Teig hineingießen (der Teig sollte den Boden gerade eben bedecken) und 2–3 Minuten goldgelb backen. Den Pfannkuchen wenden, auf der anderen Seite 1 Minute backen und auf einen Teller gleiten lassen. Mit Alufolie abdecken und im Backofen warm halten, während die restlichen Pfannkuchen gebacken werden.

Die Pfannkuchen mit dem Salat füllen und mit Mangochutney servieren.

BROKKOLITARTE MIT GRÜNKOHLPESTO, GORGONZOLA UND GEGRILLTEN BIRNEN

Supereinfach zuzubereiten und im Handumdrehen fertig ist diese köstliche Tarte. Der Filoteig macht sie nicht nur besonders leicht, man kann sich damit auch das Blindbacken sparen. Damit der cremige Belag beim Aufschneiden nicht herausläuft, sollte man der Tarte nach dem Backen eine kleine Ruhezeit gönnen.

FÜR 6 PERSONEN

–

200 g Sprossenbrokkoli oder violetter Brokkoli

6 Thymianzweige

150 g Naturjoghurt

150 g Crème fraîche

3 große Eier

Meersalz und frisch gemahlener schwarzer Pfeffer

1 Bio-Zitrone

75 g Grünkohl

30 g Mandeln

1 Knoblauchzehe

Olivenöl

250 g Filoteig

60 g Gorgonzola

3 Birnen *(z. B. Conference)*

flüssiger Honig

Den Backofen auf 180 °C vorheizen. In einem großen Topf Salzwasser zum Kochen bringen. Den Brokkoli in Röschen teilen und 3 Minuten blanchieren. In ein Sieb abgießen, über dem heißen Topf ausdampfen lassen und dann zum Abtropfen auf Küchenpapier legen.

Die Thymianblätter in eine große Rührschüssel zupfen. Joghurt, Crème fraîche, die Eier sowie 1 kräftige Prise Salz und Pfeffer dazugeben. Die Zitronenschale hineinreiben und alles gut verrühren.

Den Grünkohl von den dicken Blattrippen befreien und mit den Mandeln sowie 1 kräftigen Prise Salz und Pfeffer in die Küchenmaschine geben. Den geschälten und grob gehackten Knoblauch sowie ein paar kräftige Schuss Olivenöl dazugeben und das Ganze zu einer glatten Paste zerkleinern. Ist das Pesto zu dick, noch etwas Olivenöl hinzufügen.

Eine Tarteform (24 cm Ø) mit herausnehmbarem Boden mit Öl einpinseln und mit den Teigblättern auslegen. Die Blätter sollten sich etwas überlappen und am Rand leicht überhängen. Die einzelnen Teigschichten mit Olivenöl bepinseln. Das Pesto gleichmäßig auf dem Boden verstreichen. Die Joghurtmischung darauf verteilen und mit dem Brokkoli belegen. Den Gorgonzola klein schneiden und darüberstreuen. Den überstehenden Teig zu einem Rand formen. Die Form auf ein Backblech stellen und die Tarte 35–40 Minuten auf der untersten Schiene des Ofens backen, bis der Teig goldbraun, das Gemüse knusprig und die Füllung gestockt ist. Die fertige Tarte vor dem Aufschneiden mindestens 10–15 Minuten in der Form abkühlen lassen.

Inzwischen eine Grillpfanne bei hoher Temperatur vorheizen. Die Birnen vierteln, vom Kerngehäuse befreien und grillen, bis sie braune Streifen haben. Mit Honig beträufeln und mit der Tarte servieren.

RAHMGEMÜSE UND POCHIERTES EI MIT DUKKAH AUF RÖSTBROT

Für mich ist das ein absolutes Wohlfühlgericht, und ich könnte das Rahmgemüse auch gleich so verschlingen. Für welches Blattgemüse Sie sich entscheiden, bleibt ganz Ihnen überlassen. Nehmen Sie einfach, was gerade Saison hat – Spinat, Grünkohl, Mangold, Schwarzkohl … Von Babyspinat würde ich allerdings abraten, denn oft ist davon nach dem Garen nicht mehr viel übrig.

FÜR 1 PERSON

–

125 g gemischtes Blattgemüse *(z. B. Spinat, Grünkohl, Mangold, Schwarzkohl)*

einige Stängel Dill

1 Schalotte

2 Knoblauchzehen

1 Stückchen Butter

75 g Sahne

Meersalz und frisch gemahlener schwarzer Pfeffer

Muskatnuss

25 g Weichkäse *(ich bevorzuge Ziegen- oder Blauschimmelkäse)*

1 großes Ei

1 große Scheibe Sauerteigbrot

natives Olivenöl extra

Saft von ½ Zitrone

1 TL selbst gemachtes Dukkah *(siehe Seite 258)*

Vom Gemüse die dicken Stiele entfernen und die Blätter hacken (einen Teil etwas gröber und einen Teil etwas feiner). Den Dill von den Stielen zupfen und fein hacken. Die Schalotte und den Knoblauch schälen und beides fein hacken (½ Knoblauchzehe ganz lassen).

Die Butter bei schwacher bis mittlerer Hitze in einer mittelgroßen beschichteten Pfanne zerlassen und die Schalotte mit dem gehackten Knoblauch 10 Minuten darin anschwitzen, ohne dass sie Farbe annimmt. Das Gemüse dazugeben, umrühren und den Deckel auflegen. Die Temperatur reduzieren und das Gemüse 10 Minuten garen.

Inzwischen in einem kleinen Topf Salzwasser zum Kochen bringen.

Wenn das Gemüse weich ist, die Sahne und den Dill einrühren und alles kräftig mit Salz und Pfeffer abschmecken. Etwas Muskat darüberreiben, den zerkrümelten Käse untermischen und die Pfanne vom Herd nehmen. Das Ei im kochenden Salzwasser pochieren (ich gare es 3 Minuten, dann ist das Eigelb noch leicht flüssig). Das Brot toasten.

Das Brot auf einen Teller legen, mit der restlichen halben Knoblauchzehe abreiben und mit etwas Olivenöl beträufeln. Das Gemüse darauf verteilen und mit Zitronensaft beträufeln. Das Ei darauf anrichten, mit Dukkah bestreuen und genießen.

OKONOMIYAKI MIT KIMCHI UND GARNELEN

Zum ersten Mal habe ich Okonomiyaki auf einem Markt in der Nähe unserer Wohnung gegessen, und seitdem ist klar: Dafür quäle ich mich sogar sonntags in aller Frühe aus dem Bett. Es handelt sich im Grunde um nichts anderes als einen großen japanischen Pfannkuchen mit viel Gemüse, den ich hier für die heimische Küche adaptiert habe. Das Kimchi können Sie auch weglassen und beim Gemüse haben Sie freie Wahl – nur der Chinakohl ist Pflicht. Sehr gut schmeckt das Gericht auch mit Schweine- oder Rindfleischstreifen oder aber nur mit geriebenem Cheddar. Und das Beste daran: Die Zubereitung dauert gerade einmal 20 Minuten.

FÜR 2 PERSONEN

–

2 große Eier

150 g Mehl

1 TL Backpulver

Meersalz und frisch gemahlener schwarzer Pfeffer

250 g Chinakohl

60 g Kimchi

100 g kleine Garnelen *(gekocht und geschält)*

2 EL Sesamsamen

Erdnuss- oder Rapsöl

3 Frühlingszwiebeln

1 gehäufter TL eingelegter Ingwer

3 EL Okonomiyaki-Sauce *(oder 1 EL flüssiger Honig, 2 TL Ketchup, ½ EL Worcestersauce und 2 TL salzarme Sojasauce)*

3 EL Mayonnaise

2 EL Algenflocken

einige Prisen Bonitoflocken

Die Eier in einer Rührschüssel kräftig mit Mehl, Backpulver, 1 kräftigen Prise Salz und Pfeffer sowie 150 ml Wasser verrühren, bis ein glatter Teig entstanden ist. Den Chinakohl und das Kimchi in feine Streifen schneiden und mit den Garnelen unter den Teig heben.

Den Sesam einige Minuten bei mittlerer Hitze in einer mittelgroßen beschichteten Pfanne goldgelb rösten, dann auf einen kleinen Teller geben. Die Pfanne erneut auf die Herdplatte stellen und einen kräftigen Schuss Öl darin erhitzen. Die Hälfte des Teigs hineingießen und 6–7 Minuten backen, bis die Unterseite leicht gebräunt ist. Den Pfannkuchen wenden und 4–5 Minuten auf der anderen Seite backen.

Inzwischen die Frühlingszwiebeln in feine Ringe und den Ingwer in dünne Scheiben schneiden. Wenn Sie die Okonomiyaki-Sauce selbst machen, die Zutaten miteinander verrühren. Die Oberseite des Pfannkuchens unmittelbar vor dem Servieren mit der Hälfte der Sauce bepinseln.

Den Pfannkuchen auf einem Teller anrichten, mit der Hälfte der Mayonnaise beträufeln, mit Ingwer, Sesam, Frühlingszwiebeln, Algenflocken und Bonitoflocken bestreuen und sofort servieren. Den zweiten Pfannkuchen auf die gleiche Weise zubereiten.

SANDWICH MIT THUNFISCH UND MISO

Manchmal muss mittags ein Sandwich reichen, aber auf keinen Fall darf es langweilig sein oder vor Fett triefen. Guter Thunfisch ist etwas Wunderbares, und ihn in schlechter Mayonnaise zu ertränken, kommt einem Verbrechen gleich. Eine ebenso cremige, aber sehr viel schmackhaftere Alternative ist dieses Thunfischsandwich mit Miso. Sollten Sie unbedingt mal ausprobieren!

FÜR 1 PERSON

–

70 g Thunfisch in Olivenöl

2 EL Naturjoghurt

1 gehäufter TL süßes weißes Miso

1 TL salzarme Sojasauce

Meersalz und frisch gemahlener schwarzer Pfeffer

½ reife Avocado

2 Scheiben Brot

Saft von ½ Limette

etwas Kresse

Den Thunfisch abtropfen lassen und in einer kleinen Schüssel mit einer Gabel auflockern. Anschließend mit dem Joghurt, dem Miso und der Sojasauce gut vermengen. Sparsam salzen und mit 1 kräftigen Prise Pfeffer würzen.

Die Avocado aus der Schale löffeln, auf einer Brotscheibe zerdrücken und gleichmäßig darauf verstreichen. Mit Limettensaft beträufeln und die Thunfischcreme auf dem Brot verteilen. Mit Kresse garnieren, die zweite Brotscheibe auflegen, das Sandwich halbieren und genießen.

SCHNELLE EIERNUDELN MIT BROKKOLI

Einer meiner Favoriten, wenn ich allein zu Hause bin. Die Zubereitung dauert nicht einmal zehn Minuten, und obwohl man nur so wenige Zutaten benötigt, ein richtig leckeres Essen. Das Tüpfelchen auf dem i liefert dabei das Chiliöl von Seite 263. Das sollten Sie im Übrigen möglichst immer vorrätig haben, denn damit lassen sich auch viele andere Gerichte aufpeppen.

FÜR 1 PERSON

–

75 g Brokkoli

75 g mittelbreite Eiernudeln

1 Frühlingszwiebel

einige Stängel gemischte Kräuter *(z. B. Koriandergrün, Schnittlauch, Minze und Basilikum)*

30 g junger Spinat

60 g gegartes Fleisch oder Tofu *(in Streifen geschnittene Schweinshachse schmeckt mir am besten)*

2 EL Chiliöl *(siehe Seite 263)*

½ EL salzarme Sojasauce

Saft von 1 Limette

½ reife Avocado

Meersalz und frisch gemahlener schwarzer Pfeffer

Einen mittelgroßen Topf mit Salzwasser füllen und bei mittlerer Hitze zum Kochen bringen. Den Brokkoli in gleich große Röschen zerteilen, mit den Nudeln in das kochende Wasser geben und beides 4 Minuten garen.

Inzwischen die Frühlingszwiebel in feine Ringe schneiden. Die Kräuterblätter von den Stielen zupfen und fein hacken. Den Spinat grob hacken und das Fleisch oder den Tofu in mundgerechte Streifen schneiden.

Den Brokkoli und die Nudeln in ein Sieb abgießen und dabei etwas Kochwasser auffangen. Beides anschließend wieder in den trockenen Topf füllen und mit Spinat, Chiliöl, Sojasauce und der Frühlingszwiebel mischen. Den Limettensaft hinzufügen. Das Fruchtfleisch der Avocado mit einem Teelöffel abstechen und ebenfalls in den Topf geben. Die gehackten Kräuter und das Fleisch oder den Tofu hinzufügen und alles gut durchmischen. Ist das Gericht zu trocken, noch etwas Nudelwasser dazugeben (das Avocadofruchtfleisch sollte zu einer cremigen Sauce zerfallen). Mit Salz und Pfeffer abschmecken und sofort genießen.

LINSENSALAT MIT KRÄUTERDRESSING UND GERÄUCHERTER MAKRELE

Mit diesem Rezept wollte ich meiner Intelligenz auf die Sprünge helfen (ich sage nur: Omega-3-Fettsäuren) und meinem Körper mehr Eisen zuführen. Dass dabei ein so leckerer Salat herauskam, der bei uns jetzt regelmäßig auf dem Speiseplan steht, war ein positiver Nebeneffekt. Zwei Fliegen mit einer Klappe ...

FÜR 2 PERSONEN

–

Meersalz und frisch gemahlener schwarzer Pfeffer

100 g Puy-Linsen

Saft von 1 Zitrone

1 TL Senf

2 EL natives Olivenöl extra

einige Stängel gemischte Kräuter *(ich bevorzuge eine Mischung aus Estragon, Basilikum, Petersilie und Minze)*

2 Frühlingszwiebeln

1 kleine Fenchelknolle

1 reife Avocado

70 g junger Spinat

150 g geräucherte Makrele *(wenn Sie Makrele nicht mögen oder Vegetarier sind: Feta schmeckt ebenfalls vorzüglich)*

1 TL Sumach

½ TL schwarze Sesamsamen *(ersatzweise können Sie auch herkömmlichen Sesam nehmen, den Sie aber zunächst rösten müssen)*

In einem kleinen Topf Salzwasser zum Kochen bringen und die Linsen nach Packungsanweisung kochen. Dabei darauf achten, dass sie nicht zerfallen. Anschließend abgießen und einige Minuten ausdampfen lassen.

In der Zwischenzeit das Dressing herstellen. Dazu den Zitronensaft in einer großen Servierschüssel mit Senf und Olivenöl verrühren. Die Kräuterblätter von den Stielen zupfen, fein hacken und dazugeben. Das Dressing mit 1 kräftigen Prise Salz und Pfeffer würzen. Die Frühlingszwiebeln in feine Ringe schneiden und ebenfalls hinzufügen.

Den Fenchel putzen und mit dem Gemüsehobel oder einem Sparschäler in hauchdünne Scheiben schneiden. Die Scheiben anschließend in Eiswasser legen. So werden sie schön knackig. Die Avocado halbieren, den Kern entfernen und das Fruchtfleisch in 1 cm große Stücke schneiden.

Die Linsen mit dem Kräuterdressing anmachen. Die Avocado und den Spinat dazugeben. Den Fenchel abtropfen lassen, trocken schleudern und ebenfalls in die Schüssel geben. Die Makrele in mundgerechte Stück zupfen und auf dem Salat verteilen. Mit Sumach und Sesam bestreuen und sofort servieren.

ROTZUNGE MIT EINGELEGTER ZITRONE, KORIANDER UND KAPERN

Ich liebe dieses Rezept. Es erfordert kaum Vorbereitung und wenn Sie sich ein bisschen ins Zeug legen, haben Sie in maximal 15 Minuten ein gutes und gesundes Essen auf dem Tisch stehen. Gar nicht so schlecht, oder?

FÜR 2 PERSONEN

–

125 g Couscous

250 g Rotzungenfilets mit Haut *(Seezunge oder Scholle ist ebenso geeignet)*

1 eingelegte Zitrone

1 EL Kapern

1 Bund Koriandergrün

1 TL gemahlener Kreuzkümmel

1 TL gemahlener Koriander

1 kräftige Prise Chiliflocken

Meersalz und frisch gemahlener schwarzer Pfeffer

1 kleine Zwiebel

2 Knoblauchzehen

Olivenöl

150 g Spargel

1 kleine Zucchini

1 Handvoll junger Spinat

Saft von 1 Zitrone, plus ½ Zitrone zum Servieren

Eine Grillpfanne bei hoher Temperatur sehr heiß werden lassen. Wasser zum Kochen bringen. Den Couscous in eine mittelgroße Schüssel füllen und mit dem kochenden Wasser übergießen, sodass er 1 cm hoch damit bedeckt ist. Mit Frischhaltefolie abdecken und quellen lassen.

Die Fischfilets in breite Streifen schneiden. Die eingelegte Zitrone halbieren, die Kerne entfernen und das Fruchtfleisch mit der Hälfte der Kapern, zwei Drittel des Koriandergrüns, den Gewürzen sowie etwas Salz und Pfeffer in die Küchenmaschine geben. Zwiebel und Knoblauch schälen, grob hacken und dazugeben. 2 Esslöffel Olivenöl hinzufügen und das Ganze pürieren, bis eine grüne Paste entstanden ist. Die Fischstreifen rundherum mit der Hälfte der Paste einreiben. Den Rest in einem luftdicht verschlossenen Behälter im Kühlschrank aufbewahren. Die Paste hält sich 3–4 Tage.

In einer großen beschichteten Pfanne etwas Olivenöl bei mittlerer Temperatur erhitzen. Den Fisch mit der Hautseite nach unten hineinlegen, die restlichen Kapern dazugeben und den Fisch 4–5 Minuten braten, bis die Haut goldbraun und knusprig ist. Wenden und einige Minuten auf der anderen Seite braten, bis er durchgegart ist.

Inzwischen die holzigen Enden von den Spargelstangen abschneiden. Den Spargel in der Grillpfanne auf jeder Seite etwa 1 Minute grillen (er sollte bissfest bleiben). Die Zucchini mit dem Sparschäler in lange, dünne Streifen hobeln. Den Spinat und das restliche Koriandergrün hacken. Den Couscous mit einer Gabel auflockern, mit dem Zitronensaft und etwas Olivenöl beträufeln und mit 1 Prise Salz und Pfeffer würzen. Den Spargel hacken und mit dem übrigen Gemüse unter den Couscous mischen. Sofort mit dem gebratenen Fisch, den knusprigen Kapern und der Zitronenhälfte servieren.

TIPP *Mit der restlichen Gewürzpaste können Sie jede Art von Fisch und auch Hähnchen marinieren.*

HÄHNCHENSPIESSE MIT WALNUSS-PETERSILIEN-PESTO

Mit Kebabs bin ich groß geworden. Und auch, wenn mit gegrilltem Fleisch gefüllte Fladenbrote nicht gerade das beste Image haben, kann eine Menge guter Dinge drinstecken, wie Gemüse, Pickles und Joghurt – man muss sie nur richtig zubereiten. All diese köstlichen Zutaten – und noch mehr – habe ich hier in Szene gesetzt, damit Sie bei Ihren Gästen viel Beifall ernten.

FÜR 4 PERSONEN

–

4 Hähnchenoberkeulen *(ohne Haut und Knochen)*

natives Olivenöl extra

4 EL Granatapfelsirup

2 TL gemahlener Kreuzkümmel

½ TL Zimt

50 g Walnusskerne

1 kleine Knoblauchzehe

1 großes Bund glatte Petersilie

Saft von ½ Zitrone

Meersalz und frisch gemahlener schwarzer Pfeffer

50 g Kefalotyri oder Pecorino

1 rote Zwiebel

250 g Rotkohl

½ Bund Minze

1 rote Chilischote

2 EL Rotweinessig

½ Granatapfel *(nach Belieben)*

4 Fladenbrote *(siehe Seite 84 oder fertig gekauft)*

Das Fleisch in etwa 1 cm breite und 2–3 cm lange Streifen schneiden, in einer Schüssel mit 1 kräftigen Schuss Olivenöl, dem Granatapfelsirup, Kreuzkümmel und Zimt mischen und 15 Minuten ruhen lassen. Wenn Sie genügend Zeit haben, können Sie es auch mehrere Stunden oder sogar über Nacht in der Marinade lassen. Wenn Sie Holzspieße verwenden, sollten sie mindestens 10 Minuten in kaltes Wasser gelegt werden, damit sie beim Grillen nicht verbrennen.

In der Zwischenzeit die Walnüsse in eine Pfanne geben, bei mittlerer Hitze goldbraun rösten, dann abkühlen lassen. Den Knoblauch schälen, hacken und mit den Nüssen, der Hälfte der Petersilie, dem Zitronensaft, 4 Esslöffeln Olivenöl sowie 1 kräftigen Prise Salz und Pfeffer in die Küchenmaschine geben. Den Käse reiben und dazugeben und das Ganze pürieren, bis ein dickes Pesto entstanden ist. Falls nötig, mit 1 Esslöffel Olivenöl verdünnen.

Die Zwiebel schälen und in feine Ringe schneiden. Den Rotkohl mit einem Gemüsehobel in feine Streifen schneiden. Die Minze- und die restlichen Petersilienblätter von den Stielen zupfen und grob hacken. Die Chilischote der Länge nach halbieren und die Samen entfernen. Das Fruchtfleisch in feine Ringe schneiden. Zwiebel, Rotkohl, die Kräuter und die Chilischote in eine große Schüssel füllen und mit dem Rotweinessig, Salz und Pfeffer anmachen. Die Kerne aus dem Granatapfel herauslösen und von den Häutchen befreien. »

« Eine Grillpfanne heiß werden lassen und den Backofen auf 150 °C vorheizen. Die Fladenbrote aufeinanderstapeln, in Alufolie verpacken und im Ofen aufbacken. Das Fleisch auf vier große oder acht kleine Spieße verteilen. Dabei zwischen den Fleischstücken etwas Platz lassen, damit das Fleisch richtig durchgaren kann. Die Spieße in die heiße Grillpfanne legen und auf jeder Seite 2–3 Minuten grillen. Das Fleisch sollte schön gebräunt, aber noch saftig sein. Die Spieße während des Grillens mit der restlichen Marinade begießen und mit Salz und Pfeffer würzen.

Die heißen Fladenbrote mit dem Pesto bestreichen und die Spieße darauf anrichten. Nach Belieben mit Granatapfelkernen bestreuen und mit dem Rotkohlsalat servieren.

KNUSPRIGES HÄHNCHEN IN PFLAUMENSAUCE AUF JASMINREIS

Genau das Richtige, um sich nach einem langen Arbeitstag wieder aufzubauen. Ich liebe das intensive Pflaumenaroma der Sauce, ihre leichte Schärfe und auch ihre spezielle Konsistenz. Ein leichtes Essen, das Leib und Seele wärmt.

FÜR 2 PERSONEN

–

3 rote Pflaumen

½–1 rote Chilischote

2 Knoblauchzehen

1 Sternanis

1 Zimtstange

2 Hähnchenkeulen

1 TL chinesisches Fünf-Gewürze-Pulver

Meersalz und frisch gemahlener schwarzer Pfeffer

Erdnuss- oder Pflanzenöl

1 Stück *(4 cm)* Salatgurke

2 Frühlingszwiebeln

Saft von 1 Limette

2 EL salzarme Sojasauce

1–2 EL flüssiger Honig

150 g Jasminreis

1 großer oder 2 kleine Pak Choi

Den Backofen auf 200 °C vorheizen. Die Pflaumen halbieren, entsteinen und vierteln. Die Chilischote der Länge nach halbieren, die Samen entfernen und die Schote fein schneiden. Den Knoblauch schälen und fein schneiden. Die Zutaten mit dem Sternanis und der Zimtstange in eine ofenfeste Form geben (sie sollte gerade so groß sein, dass die Hähnchenkeulen darin Platz haben). Die Hähnchenkeulen darauflegen und mit dem Fünf-Gewürze-Pulver, 1 kräftigen Prise Salz und Pfeffer sowie etwas Öl einreiben. Ein paar Esslöffel Wasser in die Form geben, damit die Pflaumen nicht anbrennen, und das Ganze für 30 Minuten in den Backofen schieben.

Die Gurke halbieren, die Kerne mit einem Teelöffel entfernen und das Fruchtfleisch in streichholzgroße Streifen schneiden. Die Frühlingszwiebeln ebenso schneiden. Beides in eine Schüssel füllen und mit dem Limettensaft vermischen.

In einem mittelgroßen Topf Salzwasser zum Kochen bringen. Die Hähnchenkeulen nach 30 Minuten aus dem Ofen nehmen. Den Bratensatz mit der Sojasauce und einigen Esslöffeln Wasser vom Boden der Form lösen. Die Hähnchenkeulen mit dem Honig beträufeln und für weitere 15–20 Minuten in den Ofen schieben, bis sie goldbraun und knusprig sind.

Inzwischen den Reis nach Packungsangabe kochen. Den Pak Choi je nach Größe halbieren oder vierteln und in einem Dämpfeinsatz auf dem Reistopf dämpfen oder, wie ich es gerne mache, in den letzten 4 Minuten mit in den Reistopf geben.

Die Form aus dem Ofen nehmen. Das Fleisch von den Knochen lösen, in mundgerechte Stücke teilen und mit der Pflaumensauce vermischen. Abschmecken und mit Honig oder Sojasauce nachwürzen, falls nötig.

Den Reis mit dem Pak Choi auf Schalen verteilen, Hähnchenfleisch mit Sauce und zum Schluss den Gurkensalat darauf anrichten und servieren.

PASTA MIT BUTTERNUSSKÜRBIS

Ich liebe diese Art von Nudelgerichten, die mich an meine Kindheit erinnern. Alles gart hier einfach zusammen in einem Topf, ähnlich wie ein Risotto. Durch die Stärke, die die Pasta abgibt, entsteht eine wunderbar cremige Sauce. Und um den Kaloriengehalt muss man sich dabei auch keine Sorgen machen. Was will man mehr?

FÜR 4 PERSONEN

–

½ Butternusskürbis *(etwa 600g)*

4 Knoblauchzehen

1 TL Korianderkörner

½ TL Chiliflocken

½ TL Zimt

4 Scheiben Pancetta *(nach Belieben)*

Olivenöl

1 l Gemüsebrühe

200 g Schwarzkohl oder Mangold

½ Bund Basilikum

320 g Pasta *(ich nehme am liebsten Muschelnudeln oder eine Mischung verschiedener Formen)*

Saft von ½ Zitrone

60 g Parmesan, gerieben

Meersalz und frisch gemahlener schwarzer Pfeffer

Den Kürbis schälen und in 1,5 cm große Stücke schneiden. Den Knoblauch schälen und fein schneiden. Den Koriander mit den Chiliflocken im Mörser fein zerstoßen. Die Pancetta in schmale Streifen schneiden.

In einem großen Topf 1 kräftigen Schuss Olivenöl bei niedriger bis mittlerer Temperatur erhitzen. Die Pancetta darin einige Minuten goldbraun braten. Den Knoblauch dazugeben und 1 Minute mitbraten. Den Kürbis mit den Gewürzen hinzufügen und 4–5 Minuten unter gelegentlichem Wenden braten, bis er rundherum leicht gebräunt ist. Die Brühe angießen und aufkochen lassen. Sobald sie zu kochen beginnt, die Temperatur reduzieren und das Ganze zugedeckt 10 Minuten bei schwacher Hitze köcheln lassen.

Inzwischen vom Schwarzkohl oder Mangold die holzigen Stiele entfernen und die Blätter in Streifen schneiden. Die Basilikumblätter von den Stielen zupfen und grob hacken.

Sobald der Kürbis gar ist, die Pasta in den Topf geben und, falls nötig, noch etwas kochendes Wasser hinzufügen (die Nudeln sollten gerade mit Flüssigkeit bedeckt sein). Den Kohl darüberstreuen und das Ganze erneut zum Kochen bringen. Die Temperatur reduzieren, den Deckel auflegen und die Pasta unter gelegentlichem Rühren garen (etwas kürzer als auf der Packung angegeben).

Den Deckel anschließend abnehmen, die Temperatur erhöhen und die Flüssigkeit einige Minuten einkochen lassen. Sobald der Topfboden noch etwa 3 cm hoch mit Brühe bedeckt ist, den Topf vom Herd nehmen. Zitronensaft, Parmesan und Basilikum hineingeben und 1 Minute rühren, bis eine glatte, cremige Sauce entstanden ist (je länger Sie rühren, desto dicker wird die Sauce). Die Pasta abschmecken und sofort servieren.

LINGUINE MIT FLEISCHBÄLLCHEN UND BÄRLAUCH

Mit Nudeln kann man eigentlich nichts falsch machen. Pasta isst jeder gern, sie ist schnell zubereitet und man kann sie mit so ziemlich allem kombinieren, was der Kühlschrank gerade hergibt. Dieses Gericht ist einer meiner Topfavoriten. Es schmeckt frisch und zugleich herzhaft und steht in weniger als 15 Minuten auf dem Tisch.

FÜR 2 PERSONEN

–

Meersalz und frisch gemahlener schwarzer Pfeffer

natives Olivenöl extra

3 grobe Bratwürste *(sehr gut eignet sich scharfe italienische Salsiccia)*

160 g Linguine oder Spaghetti *(ich bevorzuge für dieses Gericht Vollkornpasta)*

1 kleine Knoblauchzehe

einige Stängel Basilikum

60 g Bärlauch *(ersatzweise können Sie jungen Spinat und eine größere Knoblauchzehe nehmen; sehr zu empfehlen ist auch Sauerampfer)*

40 g Pinienkerne

50 g gesalzener Ricotta oder Pecorino

½ Bio-Zitrone

In einem großen Topf Salzwasser zum Kochen bringen. In einer mittelgroßen beschichteten Pfanne etwas Olivenöl bei niedriger bis mittlerer Temperatur erhitzen. Das Wurstbrät aus der Pelle drücken, etwa 2 cm große Bällchen daraus formen und diese etwa 10 Minuten in der Pfanne braten, bis sie rundherum goldbraun sind.

Inzwischen die Pasta nach Packungsanweisung al dente garen.

Während die Nudeln kochen, ein Pesto herstellen: Dazu den Knoblauch schälen und die Basilikumblätter von den Stielen zupfen. Den Bärlauch (oder Spinat) grob hacken und mit Pinienkernen, Knoblauch, Basilikumblättern sowie 5 Esslöffeln Olivenöl im Mixer pürieren. Ist das Pesto zu dick, noch etwas Olivenöl hinzufügen. Zum Schluss 30 g Ricotta oder Pecorino hineinreiben und unterrühren.

Die Pasta mit einer Zange aus dem Topf heben und direkt – ohne sie abtropfen zu lassen – in die Pfanne mit der Wurst geben. Die Pfanne vom Herd nehmen, 2 Esslöffel Pesto hinzufügen und alles gut durchmischen. Dabei einen Schuss Nudelwasser mit unterrühren – so wird das Ganze wunderbar glatt und seidig. Die Zitronenschale und den restlichen Käse darüberreiben, die Pasta noch einmal abschmecken und sofort servieren.

TIPP *Pestoreste können 5–6 Tage im Kühlschrank aufbewahrt werden. Dafür das Pesto in ein Schraubglas füllen und mit etwas nativem Olivenöl extra bedecken.*

GEBRATENES LAMMHACK MIT KICHERERBSEN, BLUMENKOHL UND SESAM

Knuspriges Lamm, knackiger Sellerie und ein kühles, mildes Dressing – eine wie ich finde unschlagbare Kombination. Dazu schmeckt geröstetes Fladenbrot und mit Zitronensaft angemachter Rucola.

FÜR 2 PERSONEN als Hauptgericht, für 4 Personen als Vorspeise

–

1 Blumenkohl *(etwa 750 g)*

1 Dose *(400 g)* Kichererbsen

1½ TL getrockneter Oregano

2 TL Kreuzkümmelsamen

½ TL Zimt

1 kräftige Prise Chiliflocken

Meersalz und frisch gemahlener schwarzer Pfeffer

Olivenöl

200 g Hackfleisch vom Lamm

1 gehäufter TL Sesamsamen

2 Medjool-Datteln

1 kleine Knoblauchzehe

2 Zitronen

1 EL Tahin

1 kleine rote Zwiebel

2 Stangen Sellerie

1 Bund glatte Petersilie

Den Backofen auf 200 °C vorheizen.

Den Blumenkohl in gleich große Röschen zerteilen, die Stiele in Scheiben schneiden und alles in einer großen ofenfesten Form verteilen. Die Kichererbsen abgießen, abspülen und zum Blumenkohl geben. Den Oregano mit den Gewürzen, den Chiliflocken sowie 1 kräftigen Prise Salz und Pfeffer mischen und den Blumenkohl gleichmäßig damit bestreuen. Mit Olivenöl beträufeln, alles gut durchmischen und für 30 Minuten in den Backofen schieben, bis der Blumenkohl und die Kichererbsen goldbraun und knusprig sind.

Inzwischen etwas Olivenöl in einer großen beschichteten Pfanne erhitzen und das Lammhack darin 12–15 Minuten knusprig braten. Das Fleisch dabei häufig wenden und zerkrümeln. In den letzten 5 Minuten den Sesam dazugeben.

Die Datteln entsteinen und in den Mixer geben. Den Knoblauch schälen und durch die Presse dazudrücken. Den Saft von 1 Zitrone, Tahin, 2 Esslöffel Olivenöl sowie 1 kräftigen Schuss Wasser hinzufügen und alles fein pürieren. Das Dressing, falls nötig, mit etwas Wasser verdünnen. Zum Schluss mit Salz und Pfeffer abschmecken.

Die Zwiebel schälen und in feine Ringe schneiden. Den Sellerie in dünne Scheiben schneiden. Die Petersilienblätter von den Stielen zupfen und hacken. Alles in eine Schüssel füllen und den Saft der zweiten Zitrone dazupressen.

Das Dressing auf eine große Platte geben. Den Blumenkohl mit den Kichererbsen und dem Lammhack darauf anrichten. Die Zwiebelmischung darauf verteilen, den Zitronensaft aus der Schüssel darüberträufeln und servieren.

PIKANTE FLEISCHBÄLLCHEN MIT EIERNUDELN UND WASSERMELONENSALAT

Ich hoffe, Sie lassen sich von der umfangreichen Zutatenliste nicht abschrecken. Das Gericht ist keineswegs so kompliziert, wie es auf den ersten Blick scheinen mag. Und bei uns zu Hause rangiert es ganz oben auf der Hitliste.

FÜR 4 PERSONEN

–

50 g Erdnusskerne

1 Wassermelone *(800 g)*

3 Limetten

3 Frühlingszwiebeln

1 EL Reisessig

1 Stück *(4 cm)* Ingwerwurzel

1 Bund Koriandergrün

½ Bund Minze

2 Schalotten

2 Knoblauchzehen

1 Stängel Zitronengras

1 rote Chilischote

400 g mageres Hackfleisch vom Rind oder Schwein

2 EL Fischsauce

Meersalz und frisch gemahlener schwarzer Pfeffer

1 großes Ei

1 gehäufter EL Speisestärke

Erdnussöl

2 EL Honig

250 g dünne oder mitteldicke Eiernudeln

2 EL salzarme Sojasauce

Den Backofen auf 180 °C vorheizen. Die Erdnüsse in einer ofenfesten Form verteilen und 5–6 Minuten im Ofen goldgelb rösten. Abkühlen lassen und grob hacken.

Die Melone schälen. Das Fruchtfleisch in 2 cm große Stücke schneiden, dabei die Kerne entfernen. Die Melonenstücke in eine Schüssel geben und den Saft von 2 Limetten dazupressen. Die Frühlingszwiebeln in feine Ringe schneiden, mit dem Reisessig zur Melone geben und alles gut durchmischen. Den Ingwer schälen, die Hälfte reiben und unter den Salat mischen. Die Schüssel in den Kühlschrank stellen (der Salat lässt sich gut im Voraus zubereiten und schmeckt nach einigen Stunden sogar noch besser). Die Koriander- und Minzeblätter von den Stielen zupfen und zur Seite legen.

Schalotten und Knoblauch schälen und fein hacken. Den restlichen Ingwer, das Zitronengras (die äußere Schicht vorher entfernen), die Chilischote und den größten Teil der Korianderblätter ebenfalls fein hacken. Alles mit Hackfleisch, Fischsauce und 1 kräftigen Prise Pfeffer vermengen. Zum Schluss das Ei und die Speisestärke untermischen. Mit einem Teelöffel kleine Portionen von der Masse abstechen und zu 3–4 cm großen Bällchen formen (die Mengen sind für etwa 32 Fleischbällchen berechnet).

In einem großen Topf Salzwasser zum Kochen bringen. Etwas Erdnussöl bei mittlerer Temperatur in einer großen beschichteten Pfanne erhitzen und die Fleischbällchen darin 12–15 Minuten goldbraun braten. Anschließend mit dem Honig beträufeln und noch 1–2 Minuten weitergaren.

Wenn die Fleischbällchen fast fertig sind, die Nudeln nach Packungsanweisung kochen. Abgießen, mit der Sojasauce in die Pfanne zu den Fleischbällchen geben und alles mischen (oder nach Belieben separat servieren). Mit den restlichen Kräuterblättern bestreuen. Die Erdnüsse unter den Melonensalat heben. Die restliche Limette vierteln und alles servieren.

SELLERIESALAT MIT BRESAOLA UND HASELNÜSSEN

Das unwiderstehlich cremige Dressing schmeckt so gut, dass man sofort eine Kalorienbombe dahinter vermutet. Aber keine Sorge – davon kann nicht die Rede sein. Das Dressing wird mit Joghurt hergestellt, sodass es schön leicht ist, ohne dass der Geschmack darunter leiden würde. Eine köstliche kleine Mahlzeit.

FÜR 4 PERSONEN

–

40 g Haselnusskerne

½ Bund Petersilie

1 mittelgroße Sellerieknolle *(etwa 700 g)*

1 Bund Radieschen

2 Knoblauchzehen

Meersalz und frisch gemahlener schwarzer Pfeffer

3 Sardellenfilets

40 g Parmesan, gerieben

Saft von 1 Zitrone

3 EL Naturjoghurt

natives Olivenöl extra

1 Ciabatta

16 Scheiben Bresaola *(etwa 90 g)*

Den Backofen auf 180 °C vorheizen. Die Haselnüsse in einer ofenfesten Form verteilen und 8 Minuten im Ofen goldbraun rösten. Abkühlen lassen und grob hacken. Die Petersilienblätter von den Stielen zupfen und fein hacken.

Den Sellerie schälen, mit dem Gemüsehobel oder in der Küchenmaschine in hauchdünne Scheiben schneiden, dann in Eiswasser legen. Die Radieschen grob hacken, im Mörser leicht zerstoßen und auf eine große Platte geben.

Eine Knoblauchzehe schälen und mit 1 Prise Salz im Mörser fein zerstoßen. Die Sardellen hinzufügen und das Ganze zu einer Paste verarbeiten. Mit Parmesan, Zitronensaft, Joghurt und 1 Schuss Olivenöl verrühren und mit Salz und Pfeffer abschmecken.

Eine Grillpfanne bei starker Hitze vorheizen. Das Ciabatta in 1,5 cm dicke Scheiben schneiden und diese auf beiden Seiten in der heißen Pfanne rösten. Mit der zweiten halbierten Knoblauchzehe einreiben und mit etwas Olivenöl beträufeln.

Den Sellerie abgießen, trocken schleudern und zu den Radieschen geben. Mit dem Dressing überziehen, mit Petersilie bestreuen und das Ganze – am besten mit den Händen – gut durchmischen. Auf einer Servierplatte anrichten und die Bresaola rundherum verteilen. Den Salat mit den Haselnüssen bestreuen und mit geröstetem Ciabatta servieren.

4

LANGE + LANGSAM

Die Rezepte in diesem Kapitel sind für Tage gedacht, an denen Sie das Haus am liebsten gar nicht verlassen möchten und sich ganz viel Zeit zum Kochen nehmen können. Oder wenn Sie sich einfach einmal etwas richtig Gutes tun wollen. Es geht hier um herzhafte Gerichte, deren Zubereitung etwas länger dauert und die mit Liebe, Aufmerksamkeit und Geduld gekocht werden wollen. Als Belohnung winken einzigartige Geschmackserlebnisse.

SCHWARZES DAL

Langsam und bei schwacher Hitze – so bereite ich dieses bei Freunden der indischen Küche so außerordentlich beliebte Gericht zu. Denn auf diese Weise wird es besonders cremig und entfaltet seinen vollen Geschmack. Mein Tipp: Kochen Sie am besten gleich eine größere Menge und frieren sich einen kleinen Vorrat ein.

FÜR 8–10 PERSONEN

–

500 g schwarze Urdbohnen

2 große Zwiebeln

12 Knoblauchzehen

1 Stück *(6 cm)* Ingwerwurzel

50 g Butter

1 TL gemahlener Kreuzkümmel

1 gehäufter TL mildes Chilipulver

1 gehäufter EL Tomatenmark

1 Dose *(400 g)* Eiertomaten

Meersalz und frisch gemahlener schwarzer Pfeffer

500 ml Milch

Sahne oder griechischer Joghurt zum Servieren *(nach Belieben)*

Die Urdbohnen gründlich waschen und über Nacht in reichlich Wasser einweichen. Am nächsten Tag abgießen, in einen großen Topf füllen, großzügig mit frischem Wasser bedecken und zum Kochen bringen. Anschließend 40 Minuten köcheln lassen, bis die Bohnen weich sind, und dabei gelegentlich abschäumen.

Zwiebeln, Knoblauch und Ingwer schälen und fein hacken. Bei schwacher bis mittlerer Hitze in einem großen Topf in der Butter 10–15 Minuten anschwitzen. Kreuzkümmel und Chilipulver hinzufügen und 2 Minuten mit anschwitzen. Das Tomatenmark einrühren und alles einige Minuten erhitzen. Die Tomaten dazugeben, vorsichtig zerdrücken und zum Köcheln bringen. 3–4 Minuten köcheln lassen, dann kräftig mit Salz und Pfeffer würzen.

Die Bohnen abgießen und zu den Tomaten geben. Die Milch und so viel Wasser angießen, dass die Bohnen mit Flüssigkeit bedeckt sind. Gut umrühren, aufkochen und mehrere Stunden bei schwacher Hitze im offenen Topf köcheln lassen. 3–4 Stunden sind ok, 6–7 Stunden optimal, aber wenn es Ihre Zeit erlaubt, dürfen es ruhig auch 8 Stunden und mehr sein – je länger, desto besser das Ergebnis. Das Dal von Zeit zu Zeit umrühren und, falls nötig, etwas Milch und/oder Wasser hinzufügen, wenn es zu trocken wird. Aber Vorsicht: Das Dal sollte keinesfalls in Flüssigkeit ertränkt werden. Nach einigen Stunden werden Sie feststellen, dass es dunkler und dicker wird.

Das Dal noch einmal abschmecken, etwas Sahne oder griechischen Joghurt kurz einrühren. Dazu passen Basmatireis und Chapati (indisches Fladenbrot).

GNUDI MIT SPINAT UND BASILIKUM

Meine ersten Gnudi bekam ich im Restaurant Spotted Pig *in New York.* Ravioli gnudi, *was wörtlich übersetzt so viel wie »nackte Ravioli« bedeutet, sind eine italienische Spezialität – kleine Ricottaklößchen, quasi die Raviolifüllung ohne die Pasta drumherum. Wunderbar luftig und leicht, eignen sie sich gut als Vorspeise oder kleine Mahlzeit. Eines sollten Sie allerdings wissen: Die Klößchen sind zwar im Handumdrehen zubereitet, müssen dann aber lange im Kühlschrank ruhen.*

FÜR 6 PERSONEN

–

350 g Ricotta

1 Bund Basilikum

75 g junger Spinat

125 g Parmesan, gerieben

Muskatnuss

Meersalz und frisch gemahlener schwarzer Pfeffer

500 g Hartweizengrieß

50 g Pinienkerne

25 g Butter

1 Bio-Zitrone

Den Ricotta in einem Sieb abtropfen lassen und dabei vorsichtig ausdrücken. Die Basilikumblätter von den Stielen zupfen und den größten Teil mit dem Spinat in der Küchenmaschine grob hacken. Mit 100 g Ricotta verrühren und in eine große Rührschüssel füllen. Restlichen Ricotta und 100 g Parmesan dazugeben und großzügig mit frisch gemahlener Muskatnuss, Salz und Pfeffer würzen. Die Zutaten kräftig zu einer lockeren Masse verschlagen. Falls die Mischung zu weich ist, für 20 Minuten in den Kühlschrank stellen.

Die Hälfte des Hartweizengrießes auf einem großen Backblech verteilen. Mit einem Teelöffel kleine Portionen von der Ricottamischung abstechen und zu etwa 2,5 cm großen Klößchen formen (die Mischung ist sehr feucht, deshalb werden die Klößchen nicht so ganz perfekt ausfallen, aber das macht überhaupt nichts). Die fertigen Klößchen mit ausreichend Abstand auf das Blech legen. Die Gnudi mit dem restlichen Grieß bestreuen (sie sollten vollständig damit bedeckt sein) und das Blech für 36–48 Stunden in den Kühlschrank stellen. Je länger sie im Kühlschrank ruhen, desto fester werden sie. Denn so haben sie Zeit, eine schöne Grießkruste zu bilden.

In einem großen Topf Salzwasser zum Kochen bringen. Die Pinienkerne bei schwacher Hitze in einer großen beschichteten Pfanne goldgelb rösten. Die Butter dazugeben, die Zitronenschale darüberreiben, umrühren und das Ganze bei schwacher Hitze warm halten.

Die Gnudi in das kochende Wasser gleiten lassen und 1–2 Minuten garen, bis sie an die Oberfläche steigen. Mit einem Schaumlöffel aus dem Topf heben und sofort in die Butter geben. Die Klößchen 30 Sekunden durchschwenken, bis sie mit der Butter überzogen sind. Mit restlichem Basilikum und Parmesan bestreuen und sofort servieren.

GRAUPENRISOTTO MIT TOPINAMBUR UND THYMIAN

Als ich noch Vegetarierin war, habe ich über die Jahre Unmengen an Risotto und gefüllten Paprikaschoten in mich hineingestopft (das ist allerdings lange her, und inzwischen sind für die Fleischverächter unter unseren Freunden definitiv bessere Zeiten angebrochen). Damit wir uns nicht falsch verstehen: Das sind natürlich beides eigentlich ganz wunderbare Gerichte, aber nicht jeden zweiten Tag. Und als ich dann zum ersten Mal einen Graupenrisotto aß, war das für mich eine echte Offenbarung. Er hat einen nussigeren Geschmack und ist nicht ganz so cremig, bringt dafür aber etwas mehr Biss mit. Bei der Wahl der übrigen Zutaten haben Sie völlig freie Hand. Lassen Sie sich einfach vom Angebot der jeweiligen Jahreszeit inspirieren und ersetzen Sie den Topinambur beispielsweise durch Knollensellerie, Waldpilze oder Pastinaken.

FÜR 6 PERSONEN

–

2 Stangen Lauch

2 Zwiebeln

350 g Topinambur

1,5 l Gemüsebrühe

30 g Butter

Olivenöl

½ Bund Thymian

300 g Perlgraupen

80 g gereifter Hartkäse, gerieben *(sehr zu empfehlen ist Cheddar)*

2 gehäufte EL Crème fraîche

Meersalz und frisch gemahlener schwarzer Pfeffer

½ Bio-Zitrone

Den Lauch putzen und in feine Ringe schneiden. Die Zwiebeln schälen und fein hacken. Den Topinambur schälen und in 1 cm große Stücke schneiden. Die Brühe in einem Topf erhitzen und auf dem Herd warm halten.

Die Butter mit etwas Olivenöl bei mittlerer Hitze in einem breiten Topf zerlassen und den Topinambur 8–10 Minuten darin braten, bis er rundherum eine goldgelbe Farbe angenommen hat. Den Lauch und die Zwiebeln dazugeben, dann den größten Teil der Thymianblätter in den Topf zupfen. Die Temperatur etwas reduzieren und das Gemüse 15 Minuten anschwitzen, ohne dass es Farbe annimmt. Die Graupen einrühren, 800 ml Brühe angießen und zum Kochen bringen. Einen Deckel auflegen und die Graupen etwa 30 Minuten bei schwacher Hitze köcheln lassen.

Nach 30 Minuten mit der Zubereitung wie bei einem traditionellen Risotto fortfahren und nach und nach schöpflöffelweise die restliche heiße Brühe angießen und dabei immer wieder umrühren, bis die Graupen die Flüssigkeit vollständig aufgesogen haben und leicht cremig sind. Das dauert etwa 40 Minuten. Sollten sie dann noch nicht weich genug sein, noch etwas heiße Brühe hinzufügen und die Graupen 5–10 Minuten weitergaren.

Den Käse und die Crème fraîche einrühren, den Risotto abschmecken und die Zitronenschale darüberreiben. Den Risotto mit den restlichen Thymianblättern bestreuen und servieren.

GYOZA MIT SCHWEINEFLEISCH UND GARNELEN

Wie man diese japanischen Teigtaschen herstellt, hat mir mein lieber Kollege Pete Begg beigebracht. Sie in die richtige Form zu bringen, ist gar nicht so schwer, und mit etwas Übung geht es immer schneller. Ich finde, das Füllen von Teigtaschen hat etwas Therapeutisches – an manchen Tagen ist das genau die richtige Beschäftigung. Dann mache ich gleich eine größere Menge und friere den Rest für später ein.

ERGIBT 30 STÜCK

–

30 Gyoza-Teigblätter *(fertig gekauft oder selbst gemacht – siehe unten)*

½ rote Chilischote

2 Knoblauchzehen

1 Stück *(3 cm)* Ingwerwurzel

2 Frühlingszwiebeln

150 g Weißkohl

150 g Hackfleisch vom Schwein

100 g rohe Garnelen, geschält, Darm entfernt

1 TL Sesamöl

½ EL salzarme Sojasauce

Erdnuss- oder Pflanzenöl

Sojasauce, Reisessig und mildes Chiliöl zum Servieren

FÜR SELBST GEMACHTE TEIGBLÄTTER

–

300 g Weizenmehl Type 550

½ TL Salz

150 ml kochendes Wasser

Das Rezept für die selbst gemachten Teigblätter finden Sie auf Seite 134. Tiefgefrorene Teigblätter etwa 1 Stunde vor der Zubereitung aus dem Gefrierfach nehmen und auftauen lassen. Die Teigblätter stets mit angefeuchtetem Küchenpapier abdecken, damit sie nicht austrocknen.

Die Chilischote von den Samen befreien und grob hacken. Knoblauch und Ingwer schälen und ebenfalls grob hacken. Die Frühlingszwiebeln putzen und hacken und alles in der Küchenmaschine (oder von Hand) fein zerkleinern. Den Kohl grob hacken, mit Fleisch, Garnelen, Sesamöl und Sojasauce zu den übrigen Zutaten in die Küchenmaschine geben und alles grob pürieren. Die Mischung anschließend in eine Schüssel füllen.

Die Zubereitung dieser Teigtaschen ist wirklich einfach, und je mehr Übung Sie haben, desto schneller geht es. Wichtig ist nur, dass Sie sich vorher alles bereitstellen, was Sie brauchen: die Füllung, die Teigblätter, eine kleine Schüssel mit kaltem Wasser und ein sauberes Tablett, auf das Sie die fertigen Gyoza legen können. Ein Teigblatt (die restlichen Blätter stets mit angefeuchtetem Küchenpapier abdecken, damit sie nicht austrocknen) auf die Handfläche legen. 1 Teelöffel Füllung in die Mitte geben (nehmen Sie nicht zu viel, sonst lassen sich die Taschen nur schwer verschließen). Den Teigrand rundherum mit etwas Wasser befeuchten. Das Blatt zusammenklappen und den Rand in Falten legen, dabei fest zusammendrücken, damit die Teigtaschen gut verschlossen sind. Ich beginne immer in der Mitte und lege den Rand dann von innen nach außen erst nach einer und dann nach der anderen Seite in Falten. Am Anfang, wenn es noch nicht so schnell geht, würde ich Ihnen empfehlen, die fertigen Gyoza in den Kühlschrank zu stellen, bis alle gefüllt sind. »

« Etwas Erdnuss- oder Pflanzenöl bei mittlerer Hitze in einer beschichteten Pfanne (sie sollte so groß sein, dass die Gyoza nebeneinander darin Platz haben) erhitzen. Sobald das Öl warm wird, die Gyoza aufrecht hineinsetzen und leicht anbräunen. Nach etwa 3 Minuten, wenn die Unterseite etwas knusprig aussieht, so viel Wasser angießen, dass die Teigtaschen zur Hälfte im Wasser stehen. Die Temperatur erhöhen, das Wasser aufkochen lassen und die Gyoza zugedeckt 8 Minuten bei schwacher bis mittlerer Hitze garen (sie sind fertig, wenn die Garnelenstücke rosa durchscheinen und das Wasser fast vollständig verdampft ist).

Den Deckel abnehmen, die Temperatur etwas erhöhen und die Gyoza noch einige Minuten braten, bis die Unterseiten schön knusprig sind. Dabei darauf achten, dass sie nicht zu dunkel werden. Womit Sie die Teigtaschen servieren, bleibt ganz Ihnen überlassen. Ich bevorzuge Sojasauce, Reisessig und Chiliöl.

GYOZA-TEIGBLÄTTER SELBST HERSTELLEN

In einer großen Schüssel das Mehl mit dem Salz mischen. Das Wasser angießen und alles mit einem Löffel zu einem Teig verrühren. Ist er zu trocken, noch etwas Wasser dazugeben. Wenn der Teig so weit abgekühlt ist, dass man ihn anfassen kann, 5 Minuten durchkneten, bis eine schöne glatte Kugel entstanden ist. Den Teig anschließend zunächst in drei gleich große Portionen teilen und diese nochmals halbieren, sodass Sie insgesamt sechs Teigstücke haben. Die Teigstücke zu Rollen formen (so lassen sie sich später leichter ausrollen), auf ein Schneidebrett legen, mit einem feuchten Geschirrtuch abdecken und 30 Minuten ruhen lassen.

Die Rollen jeweils in 5 gleich große Stücke schneiden und diese möglichst gleichmäßig zu etwas mehr als 8 cm großen Scheiben ausrollen. Damit die Scheiben einen schönen geraden Rand haben, mit einer runden Ausstechform (8 cm Ø) Kreise ausstechen und den überschüssigen Teig wegwerfen.

FISCHSUPPE MIT MANDEL-SKORDALIA

Ein wunderbar ausgewogenes Gericht, gleichzeitig herzhaft und fein. Dabei kommt es vor allem auf die Basis an: Nehmen Sie sich deshalb die Zeit, das Gemüse in aller Ruhe anzuschwitzen und lassen Sie den Wein nach dem Ablöschen einkochen, bevor Sie den Fisch in die Suppe geben. So bekommt sie die nötige Tiefe.

FÜR 4 PERSONEN

–

1 Zwiebel

5 Knoblauchzehen

2 Stangen Sellerie

1 Fenchelknolle

1 Bund glatte Petersilie

1 kräftige Prise Safran

natives Olivenöl extra

1 EL Fenchelsamen

½ TL Chiliflocken

1 EL Tomatenmark

175 ml trockener Weißwein

2 frische Lorbeerblätter

1 l Fischbrühe

1 Dose *(400 g)* Eiertomaten

Meersalz und frisch gemahlener schwarzer Pfeffer

125 g Fregola oder Risottoreis

1 Scheibe Weißbrot *(etwa 150 g)*

50 g Mandeln oder Walnusskerne

2 Zitronen

250 g Wolfsbarschfilets mit Haut, geschuppt und entgrätet

300 g küchenfertiger Seeteufel oder ein anderer Fisch mit festem weißem Fleisch

200 g küchenfertiger Kalmar

Die Zwiebel und 2 Knoblauchzehen schälen und fein hacken. Sellerie und Fenchel putzen und fein hacken. Das Fenchelgrün zum Garnieren aufheben. Die Petersilienblätter von den Stielen zupfen und zur Seite legen. Die Stiele fein schneiden. Den Safran in einer kleinen Schüssel mit 50 ml kochendem Wasser übergießen.

Etwas Olivenöl bei niedriger bis mittlerer Temperatur in einem großen Topf erhitzen und das gehackte Gemüse mit den Petersilienstielen 15 Minuten darin anschwitzen, ohne dass es Farbe annimmt. Die Fenchelsamen im Mörser fein zerstoßen. Mit den Chiliflocken und dem Tomatenmark zum Gemüse geben und alles noch einige Minuten braten. Den Wein angießen, die Lorbeerblätter hinzufügen und das Ganze langsam zum Kochen bringen. 5–8 Minuten sprudelnd kochen lassen, bis die Flüssigkeit auf die Hälfte reduziert ist. Die Brühe und das Safranwasser angießen und die Tomaten dazugeben. Mit Salz und Pfeffer würzen und die Suppe zum Kochen bringen. Sobald sie aufkocht, die Temperatur wieder verringern und alles zugedeckt etwa 30 Minuten köcheln lassen. Die Suppe anschließend nach Belieben kurz mit dem Stabmixer pürieren (das ist nicht unbedingt erforderlich, ich mag es allerdings, wenn die Suppe leicht cremig ist).

Fregola oder Reis dazugeben, die Suppe erneut aufkochen und weitere 30 Minuten bei geöffnetem Topf köcheln lassen. Wird sie zu dick, etwas kochendes Wasser hinzufügen. »

« Inzwischen die Skordalia herstellen: Das Brot entrinden, in kleine Stücke reißen, in der Küchenmaschine zerkleinern und in eine Schüssel füllen. Die restlichen Knoblauchzehen schälen und grob hacken. Mit den Mandeln oder Walnüssen, der Hälfte der Petersilienblätter und 1 kräftigen Prise Salz in die Küchenmaschine geben und fein zerkleinern. Die Brotkrümel und 125 ml Wasser dazugeben und das Ganze verrühren. Dabei langsam so viel Olivenöl einlaufen lassen, dass eine cremige Sauce entsteht (etwa 4–5 EL). Den Saft von ½ Zitrone hineinpressen und die Sauce mit Salz und Pfeffer abschmecken.

Fisch und Kalmar in 2,5 cm große Stücke schneiden und am Ende der Kochzeit auf die Suppe legen. Ich drücke den Kalmar und den Seeteufel immer etwas in die Flüssigkeit und lege den Wolfsbarsch obenauf. Den Deckel auflegen und den Fisch 10 Minuten pochieren, bis er weich und gerade gar ist.

Die restlichen Petersilienblätter fein hacken und mit dem Saft der restlichen Zitronen unterrühren. Die Suppe noch einmal abschmecken, auf vier Suppenschalen verteilen, mit je einem Löffel Skordalia und dem Fenchelgrün garnieren und mit frischem Brot servieren.

HÄHNCHEN-RENDANG MIT GEBRATENEM BASMATIREIS

Traditionell wird dieses indonesische Curry mit Rindfleisch zubereitet. Wenn es etwas leichter werden soll, kann man aber auch gut Hähnchen verwenden. Und die Zubereitung ist ganz unkompliziert: Sobald Sie die Currypaste hergestellt haben, müssen Sie eigentlich nur noch gelegentlich umrühren und das Gericht im Auge behalten, damit das Fleisch zwar schön knusprig wird, aber nicht ansetzt.

FÜR 6 PERSONEN

–

300 g Basmatireis

Meersalz und frisch gemahlener schwarzer Pfeffer

1 Stück *(2 cm)* Ingwerwurzel

4 Knoblauchzehen

4 Schalotten

1 TL Kurkuma

1½ EL Chiliflocken

2 Stängel Zitronengras

1 Stück (2 cm) Galgantwurzel *(wenn Sie keinen Galgant bekommen, nehmen Sie einfach entsprechend mehr Ingwer)*

Erdnuss- oder Pflanzenöl

1 Sternanis

1 Dose *(400 ml)* Kokosmilch

4 Kaffirlimettenblätter

1 kg Hähnchenoberkeulen *(ohne Haut und Knochen)*

1 EL Demerarazucker

75 g Kokos-Chips

1 Stückchen Butter

1 Zimtstange

Muskatnuss

Den Reis nach Möglichkeit bereits am Vortag oder zumindest einige Zeit im Voraus kochen. Er lässt sich leichter braten und würzen, wenn er kalt ist. Einen großen Topf mit Wasser füllen, 1 kräftige Prise Salz hinzufügen und das Wasser bei starker Hitze zum Kochen bringen. Den Reis in einem Sieb unter fließendem kaltem Wasser abspülen und in das kochende Wasser geben. Die Temperatur reduzieren und den Reis nach Packungsanweisung bei schwacher bis mittlerer Hitze köcheln lassen, bis er gerade gar ist. Anschließend abgießen, mit kaltem Wasser abschrecken und zum Abkühlen auf einer Platte verteilen. Den erkalteten Reis in eine Schüssel füllen und in den Kühlschrank stellen.

Den Ingwer, 2 Knoblauchzehen und die Schalotten schälen, grob hacken und mit Kurkuma, Chiliflocken und einem Schuss Wasser in der Küchenmaschine zu einer Paste verarbeiten. Das Zitronengras von den äußeren Schichten befreien und im Mörser zerstoßen. Den Galgant schälen und fein hacken.

Etwas Öl bei mittlerer Hitze in einem großen Topf erhitzen und den Sternanis mit dem Zitronengras 1 Minute darin anschwitzen. Die Gewürzpaste und den Galgant dazugeben, die Temperatur etwas reduzieren und die Mischung 12–15 Minuten unter häufigem Umrühren braten. Die Kokosmilch angießen, die Kaffirlimettenblätter hinzufügen und das Ganze zum Kochen bringen.

Das Hähnchenfleisch grob zerkleinern und in den Topf geben. Den Zucker sowie 1 kräftige Prise Salz und Pfeffer einrühren. Das Curry zum Kochen bringen und zugedeckt etwa 40 Minuten bei schwächster Hitze köcheln lassen.

Inzwischen die Kokos-Chips bei schwacher Hitze ohne Zugabe von Fett in einer Pfanne goldgelb rösten (gesüßte Kokos-Chips vorher einige Minuten in etwas kochendem Wasser einweichen und danach in einem Sieb abtropfen lassen).

Sobald das Fleisch gar ist, den Deckel abnehmen und die Kokos-Chips einrühren. Die Temperatur dann erneut erhöhen, alles wieder zum Kochen bringen und weitere 35–40 Minuten bei mittlerer bis starker Hitze garen, bis die Flüssigkeit vollständig eingekocht und das Fleisch mit der Würzmischung überzogen ist.

Die Butter mit etwas Erdnuss- oder Pflanzenöl bei mittlerer Hitze in einer großen Pfanne zerlassen. Die restlichen Knoblauchzehen schälen, in feine Scheiben schneiden und mit der Zimtstange einige Minuten goldgelb anschwitzen. Den kalten Reis dazugeben, ¼ Muskatnuss darüberreiben und großzügig mit Salz und Pfeffer würzen. Den Reis 5–7 Minuten unter häufigem Umrühren braten, bis er durch und durch heiß ist. Das Hähnchen-Redang mit dem Reis servieren. Dazu passen Bohnen oder gedämpftes Blattgemüse.

HARISSA-HÄHNCHEN MIT BULGUR

Wenn Sie am Sonntagabend einmal etwas Besonderes auf den Tisch bringen möchten, ist dieses Hähnchen genau das Richtige. Und sollte etwas übrig bleiben, können Sie die Reste am nächsten Tag für ein Sandwich verwenden.

FÜR 4 PERSONEN

–

1 eingelegte Zitrone

4 Knoblauchzehen

1 TL Kreuzkümmelsamen

1 TL Korianderkörner

1 TL süßes geräuchertes Paprikapulver

2 EL Harissa

1 Bund Koriandergrün

1 Bund Petersilie

Meersalz und frisch gemahlener schwarzer Pfeffer

80 g zimmerwarme Butter

Olivenöl

1 Hähnchen *(etwa 1,6 kg)*

1 Zitrone

425 ml Hühnerbrühe

1 Zwiebel

2 Tomaten

350 g Bulgur

griechischer Joghurt zum Servieren

Den Backofen auf 190 °C vorheizen. Die eingelegte Zitrone halbieren und die Kerne entfernen. Den Knoblauch schälen. Kreuzkümmel und Koriander in einer Pfanne ohne Zugabe von Fett leicht anrösten. Alles in die Küchenmaschine füllen. Paprika, Harissa und die Hälfte der Kräuter dazugeben, kräftig mit Salz und Pfeffer würzen und alles fein zerkleinern. Die Butter sowie 2 Esslöffel Olivenöl hinzufügen und das Ganze glatt pürieren.

Die Haut über der Brust des Hähnchens vorsichtig mit den Fingern anheben, sodass eine Tasche entsteht. Die Haut an den Keulen einritzen und das Hähnchen rundherum sowie unter der Brusthaut mit der Gewürzbutter einreiben. Die Zitrone halbieren und in die Bauchhöhle stecken. Das Hähnchen in einen Bräter legen (es sollte gerade darin Platz haben) und für etwa 75 Minuten in den Ofen schieben, bis es goldbraun und knusprig ist. Um die Garprobe zu machen, das Fleisch an den Keulen einstechen; der austretende Saft muss klar sein. Das Hähnchen während des Bratens immer wieder mit dem Bratfond begießen.

Etwa 20 Minuten vor Ende der Garzeit die Brühe in einem mittelgroßen Topf erhitzen. Inzwischen die Zwiebel schälen und fein hacken und die Tomaten von den Samen befreien und fein würfeln. Etwas Olivenöl bei niedriger bis mittlerer Temperatur in einem Topf erhitzen und die Zwiebel darin 10 Minuten anschwitzen. Die Tomaten dazugeben und 5 Minuten köcheln lassen. Zum Schluss den Bulgur 1 Minute einrühren, die heiße Brühe angießen und sparsam mit Salz und Pfeffer würzen. Aufkochen lassen und zugedeckt bei schwacher Hitze 8 Minuten garen. Den Topf vom Herd nehmen, mit einem Geschirrtuch abdecken und den Deckel wieder aufsetzen (so bleibt der Bulgur warm). Die Blätter der restlichen Kräuter von den Stielen zupfen, hacken und unter den Bulgur mischen.

Das fertige Hähnchen 10 Minuten ruhen lassen, dann den Saft der Zitronen aus der Bauchhöhle darüberpressen. Das Hähnchen tranchieren und mit dem Bulgur und griechischem Joghurt servieren.

SCHWEINSHACHSE MIT FENCHEL UND BOHNEN

So liebe ich das Kochen: wenig Vorbereitung, das Gericht gart im Ofen fast von selbst, und das Ergebnis ist geradezu überwältigend. Aufgewärmt schmeckt die Schweinshachse sogar noch besser – passen Sie also auf, dass etwas übrig bleibt.

FÜR 6–8 PERSONEN

–

400 g getrocknete Borlotti-, Flageolet- oder Cannellini-Bohnen

2 gepökelte Schweinshachsen à etwa 750 g ohne Schwarte *(am besten vom Metzger entfernen lassen)*

1½ EL Fenchelsamen

1 TL Chiliflocken

1 Knolle Knoblauch

Meersalz und frisch gemahlener schwarzer Pfeffer

einige Rosmarin- und Thymianzweige

Olivenöl

2 Fenchelknollen

2 frische Lorbeerblätter

175 ml Weißwein

1 Schuss Weißweinessig

½ Bund glatte Petersilie

Am Vorabend die Bohnen in reichlich kaltem Wasser einweichen. Die Hachsen, um sie vom überschüssigen Salz zu befreien, ebenfalls in kaltes Wasser legen und über Nacht in den Kühlschrank stellen.

Am nächsten Tag den Backofen auf 170 °C vorheizen.

Die Fenchelsamen mit den Chiliflocken im Mörser grob zerstoßen. 4 Knoblauchzehen schälen und mit 1 kräftigen Prise Salz und den abgezupften Rosmarin- und Thymianblättern sowie ein paar Esslöffeln Olivenöl zu den Fenchelsamen geben. Die Zutaten anschließend zu einer dicken Paste verarbeiten. Die Hachsen einige Male mit einem kleinen, scharfen Messer einstechen und rundherum mit der Paste einreiben.

Die Fenchelknollen putzen, in etwa 2 cm breite Spalten schneiden und in einen großen ofenfesten Topf legen. Die abgetropften Bohnen, die Lorbeerblätter und die restlichen – ungeschälten – Knoblauchzehen dazugeben und den Wein angießen. Bei starker Hitze zum Kochen bringen und 4–5 Minuten kochen lassen, bis der Wein fast vollständig verdampft ist. So viel Wasser angießen, dass die Bohnen gerade bedeckt sind, und aufkochen lassen. Die Hachsen auf dem Gemüse verteilen und den Deckel auflegen. Den Topf für etwa 4 Stunden in den Ofen schieben, bis das Fleisch weich ist und sich vom Knochen löst. Die Hachsen während des Garens mehrmals begießen und noch etwas Wasser hinzufügen, falls die Bohnen zu trocken werden.

Sobald die Hachsen gar sind, den Deckel abnehmen, die Backofentemperatur auf 200 °C erhöhen, das Fleisch mit etwas Olivenöl beträufeln und den Topf – ohne Deckel – für weitere 20 Minuten in den Ofen schieben, bis die Hachsen leicht knusprig sind. Anschließend die Bohnen mit 1 Schuss Weißweinessig, Salz und Pfeffer abschmecken. Die Petersilienblätter abzupfen, hacken und unterrühren, das Fleisch in Stücke teilen und mit dem Gemüse servieren.

FENCHEL-CHICORÉE-SALAT MIT KARAMELLISIERTEM SCHWEINEBAUCH

Langes und langsames Garen heißt nicht unbedingt Schmoren. Hier wird das Fleisch zunächst in Brühe gekocht und anschließend knusprig gegrillt. Den ersten Schritt können Sie bereits am Vortag erledigen und den Schweinebauch über Nacht – in der Brühe – im Kühlschrank aufbewahren. Zugedeckt, versteht sich.

FÜR 4 PERSONEN

–

600 ml Rinderbrühe

100 g dunkler Muscovadozucker

1 Sternanis

1 TL chinesisches Fünf-Gewürze-Pulver

3 EL Weißweinessig

3 EL Fischsauce

1 Knoblauchzehe

1 Stängel Zitronengras

700 g Schweinebauch, ohne Schwarte und Knochen

1 rote Chilischote

Saft von 1 Limette

½ EL Honig

1 EL Sesamöl

1 EL Erdnussöl

1 Bund Minze

½ Bund Dill

1 Chicorée

70 g Brunnenkresse

2 Fenchelknollen

4 Frühlingszwiebeln

30 g Erdnusskerne, geröstet und grob gehackt

Die Brühe in einen großen Topf gießen. 60 g Zucker, den Sternanis, das Fünf-Gewürze-Pulver, den Essig und 2 Esslöffel Fischsauce einrühren. Den Knoblauch und das Zitronengras zerdrücken und ebenfalls dazugeben. Die Brühe bei mittlerer Hitze aufkochen lassen und das Fleisch hineinlegen. Sobald die Brühe wieder zu kochen beginnt, die Temperatur reduzieren und das Fleisch 1 Stunde köcheln lassen, bis es durchgegart ist. Kocht die Brühe zu stark ein, etwas kochendes Wasser hinzufügen (das Fleisch sollte beim Kochen immer mit Flüssigkeit bedeckt sein). Den Topf vom Herd nehmen und den Schweinebauch etwa 20 Minuten in der Brühe abkühlen lassen.

Inzwischen das Dressing und den Salat vorbereiten: Die Chilischote von den Samen befreien, fein hacken und in eine kleine Schüssel geben. Limettensaft, Honig, Sesam- und Erdnussöl sowie die restliche Fischsauce hinzufügen und alles kräftig verrühren. Die Minzeblätter und den Dill von den Stielen zupfen und grob hacken. Den Chicorée grob hacken, mit der Brunnenkresse waschen und trocken schleudern. Den Fenchel putzen, mit dem Gemüsehobel oder einem Sparschäler in hauchdünne Scheiben schneiden und in eine Schüssel mit Eiswasser legen, damit er schön knackig bleibt. Die Frühlingszwiebeln putzen und in feine Ringe oder Streifen schneiden.

Den Backofengrill bei mittlerer Hitze vorheizen. Das Fleisch aus der Brühe nehmen und in 1 cm breite Streifen schneiden. In einer Fettpfanne verteilen, mit dem restlichen Zucker bestreuen und 5–10 Minuten unter den Grill schieben, bis es karamellisiert ist. Den Schweinebauch, bis auf einen kleinen Rest, auf einer großen Platte verteilen. Den Fenchel abgießen, trocken schleudern und in einer großen Schüssel mit den übrigen Salatzutaten und dem Dressing mischen. Den Salat auf dem Fleisch verteilen, die restlichen Fleischscheiben darauf anrichten, das Ganze mit den Erdnüssen bestreuen und servieren.

ÜBERBACKENE NUDELN MIT ROSMARIN UND PEKANNÜSSEN

Der gute alte Nudelauflauf heißt bei uns Macaroni and Cheese *und erlebt gerade eine regelrechte Renaissance. Keine Speisekarte, auf der er nicht auftaucht. Und auch ich liebe dieses Gericht, an dem so viele Kindheitserinnerungen hängen. Nicht gerade Diätkost, aber einfach zu lecker.*

FÜR 6–8 PERSONEN

–

Meersalz und frisch gemahlener schwarzer Pfeffer

4 Knoblauchzehen

75 g Butter

100 g Mehl

2 TL Senf

1,3 l Milch

200 g gereifter Cheddar, geraspelt

500 g kurze Röhrennudeln

200 g grobe Bratwurst

100 g Kochschinken

1 EL Ahornsirup

einige Rosmarinzweige

Olivenöl

30 g Pekannusskerne

Den Backofen auf 180 °C vorheizen. Wasser in einem großen Topf zum Kochen bringen und großzügig salzen.

Den Knoblauch schälen und fein schneiden. Die Butter bei schwacher bis mittlerer Hitze in einem großen Topf zerlassen, den Knoblauch mit dem Mehl hineingeben und unter Rühren hell anschwitzen. Den Senf und dann nach und nach unter kräftigem Rühren die Milch dazugießen. Die Sauce langsam zum Köcheln bringen und 5 Minuten köcheln lassen, bis sie eingedickt ist. Den größten Teil des Käses einrühren, dann die Sauce mit Salz und Pfeffer abschmecken.

Während die Sauce köchelt, die Nudeln nach Packungsanweisung kochen, den Garvorgang aber einige Minuten früher beenden. Die Pasta abgießen und dabei 300 ml Kochwasser auffangen. Das Wurstbrät aus der Pelle lösen und in etwa 1 cm große Stücke schneiden, den Schinken ebenfalls in etwa 1 cm große Stücke schneiden. Beides in eine mittelgroße Pfanne geben, mit dem Ahornsirup überziehen und bei schwacher bis mittlerer Hitze goldbraun braten.

Die abgetropften Nudeln mit der Sauce mischen, das aufgefangene Kochwasser einrühren, den Schinken und das Wurstbrät – bis auf einen kleinen Rest – unterheben und das Ganze in eine große Auflaufform füllen. Mit dem restlichen Käse sowie dem restlichen Schinken und Wurstbrät bestreuen.

Die Rosmarinnadeln von den Stielen zupfen und in etwas Olivenöl wenden. Die Pekannüsse hacken und mit den Rosmarinnadeln mischen. Den Auflauf damit bestreuen und für 25–30 Minuten in den Ofen schieben, bis er goldbraun ist und die Sauce Blasen wirft. Einige Minuten ruhen lassen und mit einem knackigen grünen Salat servieren.

LANCASHIRE-PIE

Dieses Rezept widme ich meinem Mann Pete, der ein großer Pie-Fan ist. Zartes Beinfleisch vom Rind, umhüllt von einem knusprigen Teig, gehört definitiv zu unseren Lieblingsgerichten. Sie können die Pie mit frischem Gemüse oder einem Salat servieren oder Sie machen es wie Pete und essen sie in einem gebutterten Brötchen mit reichlich Brown Sauce.

FÜR 4 PIES

–

1 Zwiebel

1 Möhre

2 frische Lorbeerblätter

Olivenöl

250 g Beinfleisch vom Rind

525 g Mehl

Meersalz und frisch gemahlener schwarzer Pfeffer

1 TL Senf

1 EL Worcestersauce

250 ml Rinderbrühe

250 g Nierenfett oder kalte Butter

150 g mehligkochende Kartoffeln

Butter für die Form

50 g gereifter Cheddar

1 Schuss Milch

4 Brötchen *(nach Belieben)*

Brown Sauce *(HP Sauce)* zum Servieren

Die Zwiebel und die Möhre schälen und fein hacken. Mit den Lorbeerblättern und einem kräftigen Schuss Olivenöl in einem großen Topf bei niedriger bis mittlerer Temperatur 20 Minuten anschwitzen, ohne dass die Zwiebel Farbe annimmt.

Das Fleisch in 2,5 cm große Stücke schneiden und dabei überschüssiges Fett entfernen. Die Stücke in 25 g Mehl, mit 1 kleinen Prise Salz und Pfeffer gewürzt, wenden. Zwiebel und Möhre aus dem Topf nehmen und in eine Schüssel geben. Erneut etwas Öl in dem Topf erhitzen und das Fleisch 5 Minuten darin anbräunen. Zwiebel und Möhre dazugeben, den Senf und die Worcestersauce einrühren und alles zusammen weitere 1–2 Minuten braten.

Die Brühe angießen, aufkochen lassen und das Ganze 2 Stunden zugedeckt köcheln lassen, bis das Fleisch zart ist. Dabei gelegentlich umrühren.

Inzwischen den Teig herstellen: Dazu in einer Schüssel das Nierenfett (oder die in Stücke geschnittene Butter) mit dem restlichen Mehl und etwas Salz und Pfeffer vermengen. 100 ml kaltes Wasser hinzufügen und das Ganze mit den Händen zu einem homogenen Teig verarbeiten. In Frischhaltefolie verpacken und mindestens 20 Minuten im Kühlschrank ruhen lassen.

Die Kartoffeln schälen und in 2,5 cm große Stücke schneiden. Wasser in einem großen Topf zum Kochen bringen und die Kartoffeln 10–12 Minuten kochen, bis sie gerade gar sind. Anschließend in ein Sieb abgießen und ausdampfen lassen. »

« Wenn das Rindfleisch fertig ist, den Topf vom Herd nehmen, die Lorbeerblätter herausfischen, die Kartoffeln unterheben und das Ganze 10 Minuten abkühlen lassen. Wenn Sie genug Zeit haben, empfiehlt es sich, die Füllung schon im Voraus herzustellen, sie vollständig abkühlen zu lassen und dann in den Kühlschrank zu stellen.

Den Backofen auf 180 °C vorheizen. Den Teig aus dem Kühlschrank nehmen und in acht Portionen teilen. Vier kleine Pie-Formen (12 cm Ø) mit Butter einfetten. Vier Teigportionen etwa 0,5 cm dick ausrollen, sodass sie etwas größer sind als die Formen. Die Formen damit auskleiden und den Teig gut andrücken. Überschüssigen Teig abschneiden. Die Füllung gleichmäßig auf die Formen verteilen. Ein Viertel des Käses darüberkrümeln und leicht in die Füllung drücken. Den restlichen Teig für die Deckel ausrollen, die etwas größer als die Pies sein sollten. Auf die Pies legen und die Teigränder fest zusammendrücken.

In jeden Teigdeckel ein Loch bohren, damit beim Backen der Dampf entweichen kann. Die Deckel mit Milch bepinseln, die Pies auf ein Backblech stellen und 50–60 Minuten auf der untersten Schiene des Ofens backen, bis der Teig goldbraun und knusprig ist.

Die Pies 10 Minuten in der Form abkühlen lassen und dann vorsichtig herauslösen. Was Sie dazu servieren, bleibt ganz Ihnen überlassen. Wir essen sie traditionell in einem mit Butter bestrichenen Brötchen mit einem ordentlichen Schuss Brown Sauce.

RINDERBRUST IN ADOBO-SAUCE MIT ANANAS-SALSA

Bei der Marinade haben die mit Rind- und Schweinefleisch gefüllten Tacos Pate gestanden, an denen wir uns auf unserer Mexikoreise kaum satt essen konnten. Ein Foodtruck am Straßenrand bot sie an und sie waren so begehrt, dass man sich ganz früh anstellen musste, um nicht leer auszugehen. Dieses pikante, aber nicht zu scharfe Gericht eignet sich auch hervorragend für ein Essen mit Gästen. Servieren Sie die Rinderbrust einfach mit der Salsa und einem Berg Tortillas, dann kann sich jeder seine Tacos selbst zusammenstellen.

FÜR 8 PERSONEN

–

4 getrocknete Ancho-Chilischoten

1 EL Kreuzkümmelsamen

6 Knoblauchzehen

2 Schalotten

½ TL gemahlene Gewürznelken

1 EL Chiliflocken

1 EL getrockneter Oregano

1 Bio-Orange

25 g reines Kakaopulver

2 EL Rotweinessig

Meersalz und schwarzer Pfeffer

1,4 kg ausgelöste Rinderbrust

Olivenöl

2 Zimtstangen

2 frische Lorbeerblätter

500 ml Rinderbrühe

1 rote Zwiebel

1 rote Chilischote

Saft von 2 Limetten

½ reife Ananas

½ Bund Koriandergrün

Reis und Tortillas zum Servieren

Den Backofen auf 180 °C vorheizen. Die Ancho-Chilis in eine ofenfeste Form legen und 2–3 Minuten im Ofen rösten. Anschließend in einen kleinen Topf geben und knapp mit Wasser bedecken. Bei mittlerer Hitze aufkochen lassen, vom Herd nehmen und in der Flüssigkeit vollständig abkühlen lassen.

Den Kreuzkümmel bei schwacher Hitze ohne Zugabe von Fett in einer kleinen Pfanne rösten, bis er sein Aroma entfaltet. Die abgekühlten Chilischoten aus dem Topf nehmen (die Flüssigkeit nicht wegschütten), die Stiele entfernen und die Schoten in den Mixer geben. Knoblauch und Schalotten schälen, grob hacken und zu den Chilischoten geben. Kreuzkümmel, Gewürznelken, Chiliflocken, Oregano die abgeriebene Orangenschale und den Orangensaft, den Kakao, 1 Esslöffel Rotweinessig sowie 1 Schuss Chiliwasser hinzufügen und mit Salz und Pfeffer würzen. Das Ganze pürieren, bis eine dicke Paste entstanden ist. Falls nötig, mit weiterem Chiliwasser verdünnen. Die Paste in eine große Schüssel füllen. Das Fleisch mit Küchengarn binden, in die Schüssel legen, rundherum mit der Paste einreiben und einige Stunden oder über Nacht im Kühlschrank durchziehen lassen.

Den Backofen auf 140 °C vorheizen. In einem ofenfesten Topf (er sollte so groß sein, dass das Fleisch gerade Platz darin hat) 1 kräftigen Schuss Olivenöl bei mittlerer Temperatur erhitzen. Das Fleisch rundherum darin anbräunen. Die Zimtstangen, die Lorbeerblätter und die restliche Marinade hinzufügen und so viel Brühe angießen, dass das Fleisch zur Hälfte in der Flüssigkeit liegt. Bei starker Hitze einmal kurz aufkochen lassen, dann vom Herd nehmen. »

« Ein Stück Backpapier, das etwas größer sein sollte als der Topf, anfeuchten, ausdrücken und das feuchte Papier auf das Fleisch legen. Den Deckel auflegen und den Topf für 3 ½–4 Stunden in den Ofen schieben, bis das Fleisch zart ist. Das Fleisch während des Garens zweimal wenden und noch etwas Brühe nachgießen, falls nötig.

Inzwischen die Salsa zubereiten: Die rote Zwiebel und die Chilischote in feine Ringe schneiden (um der Chilischote etwas Schärfe zu nehmen, kann man die Samen entfernen) und in eine Schüssel füllen. Den Limettensaft und den restlichen Rotweinessig hinzufügen und das Ganze 30 Minuten ruhen lassen. Eine Grillpfanne bei hoher Temperatur erhitzen. Die Ananas schälen, der Länge nach vierteln und das holzige Innere entfernen. Die Ananasviertel einige Minuten unter häufigem Wenden in der heißen Pfanne grillen. Anschließend abkühlen lassen und in etwa 1 cm große Stücke schneiden. Die Korianderblätter von den Stielen zupfen, hacken und mit der Ananas zur Zwiebelmischung geben. Alles gut durchmischen und abschmecken.

Das Fleisch aus dem Topf nehmen und 15 Minuten auf einem Schneidebrett ruhen lassen. Den Topf auf die Herdplatte stellen und die Adobo-Sauce bei starker Hitze einkochen und eindicken lassen. Das Fleisch vom Küchengarn befreien und wieder in den Topf oder in eine Servierschüssel legen, mit der Sauce überziehen. Mit zwei Gabeln in Stücke reißen und mit der Ananas-Salsa servieren. Dazu passen Reis und geröstete Tortillas.

GESCHMORTES LAMM UND DINKEL MIT KRÄUTERN

Das habe ich vor Kurzem für meine Großmutter gekocht, als es ihr nicht gut ging und ich sie ein bisschen aufpäppeln wollte. Schön würzig, aber nicht scharf, ist es ein echtes Wohlfühlgericht, das einen schnell wieder auf die Beine bringt.

FÜR 6 PERSONEN

–

2 rote Zwiebeln

4 Knoblauchzehen

2 Stangen Sellerie

Olivenöl

800 g ausgelöster Lammnacken

4 Medjool-Datteln

1 TL gemahlener Koriander

1 TL gemahlener Kreuzkümmel

½ EL Ras-el-Hanout

1 Bio-Orange

1 Dose *(400 g)* Eiertomaten

350 ml Hühnerbrühe

75 g rote Linsen

Meersalz und frisch gemahlener schwarzer Pfeffer

FÜR DEN DINKEL

–

1 Zwiebel

2 Knoblauchzehen

1 Stückchen Butter

1 Zimtstange

300 g Dinkel

½ Bund Koriandergrün

½ Bund Minze

griechischer Joghurt zum Servieren

Den Backofen auf 170 °C vorheizen. Zwiebeln und Knoblauch schälen und fein schneiden. Den Sellerie in dünne Scheiben schneiden. Alles in einem großen Topf in etwas Olivenöl bei niedriger bis mittlerer Temperatur etwa 10 Minuten farblos anschwitzen.

Inzwischen das Fleisch in 2,5 cm große Stücke schneiden. Die Datteln entsteinen und sehr fein hacken. Die Gewürze zur Zwiebelmischung geben und 1 Minute anbraten. Das Fleisch dazugeben und 5–10 Minuten rundherum anbraten. Die Datteln, die abgeriebene Schale von einer Orangenhälfte, den gesamten ausgepressten Saft sowie die Tomaten dazugeben. Die Brühe angießen und das Ganze einmal kurz aufkochen lassen. Den Deckel auflegen und den Topf für etwa 1 Stunde in den Ofen schieben, bis das Fleisch weich ist. Anschließend herausnehmen, die Linsen einrühren, den Deckel wieder auflegen und alles 1 weitere Stunde im Ofen garen, bis das Fleisch zerfällt und eine dicke Sauce entstanden ist. Die Sauce abschmecken.

Wenn Sie die Linsen eingerührt haben, mit der Zubereitung des Dinkels beginnen: Zwiebel und Knoblauch schälen und fein hacken. In einem großen Topf in der Butter bei schwacher bis mittlerer Hitze 12–15 Minuten anschwitzen. Die Zimtstange und den Dinkel dazugeben, 1 l kochendes Wasser angießen und kräftig mit Salz und Pfeffer würzen. Aufkochen lassen, die Temperatur reduzieren und den Dinkel zugedeckt 15 Minuten köcheln lassen.

Unmittelbar vor dem Servieren die Koriander- und Minzeblätter abzupfen und fein hacken, dann unter den Dinkel mischen. Das Lamm mit dem Dinkel und griechischem Joghurt servieren, dazu passt Fladenbrot.

LAMMHACHSEN MIT ZIMT

Butterzart und intensiv im Geschmack sind diese stundenlang geschmorten Lammhachsen. Ideal für ein Essen mit Gästen, denn ist das Fleisch erst einmal im Ofen, muss man sich nicht mehr groß darum kümmern. Dem Zimt sagt man übrigens eine Reihe gesundheitsfördernder Eigenschaften nach. So soll er beispielsweise den Cholesterinspiegel senken und entzündungshemmend wirken.

FÜR 4 PERSONEN

–

4 Knoblauchzehen

1 Stück *(4 cm)* Ingwerwurzel

100 g Sultaninen

1 EL Zimt

2 rote Chilischoten

2 TL gemahlener Koriander

200 g Naturjoghurt

Meersalz und frisch gemahlener schwarzer Pfeffer

4 Lammhachsen

8 Schalotten

Erdnuss- oder Pflanzenöl

1 Zimtstange

2 Sternanis

1 frisches Lorbeerblatt

500 ml Hühnerbrühe

Knoblauch und Ingwer schälen, grob hacken und in der Küchenmaschine mit Sultaninen, Zimt, den Chilischoten und dem Koriander zerkleinern. Den Joghurt dazugeben, mit 1 kräftigen Prise Salz und Pfeffer würzen und alles nochmals kurz durchmixen. Die Lammhachsen mit einem spitzen Messer mehrfach einstechen, in eine Schüssel legen und die Joghurtmarinade in das Fleisch einmassieren. Abdecken und einige Stunden, nach Möglichkeit sogar einen ganzen Tag, durchziehen lassen.

Die Schalotten schälen und in feine Ringe schneiden. Etwas Öl in einem großen, hohen Topf (in dem alle Hachsen Platz haben) mit schwerem Boden erhitzen und die Zimtstange mit dem Sternanis und dem Lorbeerblatt darin 1 Minute anbraten. Die Schalotten dazugeben, die Temperatur reduzieren und die Schalotten 10 Minuten anschwitzen. Die Mischung anschließend in eine Schüssel füllen.

Erneut etwas Öl in dem Topf erhitzen, die Temperatur erhöhen und die Hachsen portionsweise darin anbräunen (die Marinade aufheben). Die Schalotten wieder in den Topf geben, die Marinade hineingießen, die Brühe angießen und alles zum Kochen bringen. Die Hachsen zugedeckt 3 Stunden bei schwacher Hitze schmoren lassen und dabei regelmäßig wenden. Kocht die Flüssigkeit zu stark ein, noch etwas Brühe (oder Wasser) hinzufügen. Wenn das Fleisch weich ist und sich vom Knochen löst, die Hachsen herausnehmen und mit Alufolie abdecken, damit sie warm bleiben. Die Temperatur erhöhen und die Sauce etwa 10 Minuten einkochen und eindicken lassen.

Die Hachsen mit gedämpftem Blattgemüse und Kartoffelpüree oder Basmatireis servieren.

REH MIT WALDPILZEN UNTER EINER KARTOFFEL-SELLERIE-HAUBE

Schottisch inspiriert, deshalb war ich ziemlich aufgeregt, als ich meiner rechten Hand Isla dieses Prachtstück präsentierte. Schließlich ist sie eine waschechte Schottin und mit einem waschechten Schotten verheiratet. Aber ihr Urteil war durch und durch positiv, und ihr Mann konnte gar nicht genug bekommen von meinem Reh.

FÜR 8 PERSONEN

–

1 kg ausgelöste Rehschulter oder -nacken

1 EL Wacholderbeeren

2 EL Mehl

Meersalz und frisch gemahlener schwarzer Pfeffer

½ Bund Rosmarin

500 g Waldpilze

2 Knoblauchzehen

2 Zwiebeln

2 Stangen Sellerie

Olivenöl

2 frische Lorbeerblätter

10 cl Schlehenlikör *(ersatzweise Bier)*

1 EL Worcestersauce

400 ml Rinderbrühe

2 EL rotes Johannisbeergelee

1 große Sellerieknolle *(etwa 650 g)*

800 g mehligkochende Kartoffeln

50 g Butter

1 Schuss Milch

Das Fleisch in drei bis vier Stücke zerteilen. Die Wacholderbeeren im Mörser zerstoßen. Mit dem Fleisch in eine Schüssel geben, mit dem Mehl sowie 1 kräftigen Prise Salz und Pfeffer bestreuen und alles gut durchmischen. Die Rosmarinnadeln abzupfen und fein hacken. Die Pilze mit einem trockenen Tuch säubern und in mundgerechte Stücke teilen. Knoblauch und Zwiebeln schälen und fein schneiden. Den Stangensellerie putzen und in Scheiben schneiden. In einem großen Topf bei mittlerer Temperatur 1 kräftigen Schuss Olivenöl erhitzen und das Fleisch – falls nötig portionsweise – darin anbraten. Das Fleisch herausnehmen, den Knoblauch und die Pilze hineingeben und einige Minuten anbraten. Zwiebel, Stangensellerie und Rosmarin hinzufügen und 10 Minuten bei schwacher Hitze anschwitzen. Anschließend das Fleisch wieder in den Topf geben.

Die Lorbeerblätter und den Likör hineingeben, aufkochen und einige Minuten kochen lassen, bis die Flüssigkeit etwas reduziert ist. Die Worcestersauce einrühren und so viel Brühe angießen, dass das Fleisch damit bedeckt ist. Zum Kochen bringen, die Temperatur reduzieren und das Fleisch zugedeckt 2½–3 Stunden schmoren lassen, bis es sehr zart und die Garflüssigkeit eingedickt ist. Das Johannisbeergelee einrühren und die Sauce abschmecken.

Kurz vor Ende der Garzeit den Backofen auf 180 °C vorheizen. Den Knollensellerie und die Kartoffeln schälen und in gleich große Stücke schneiden. Die Kartoffeln in einen großen Topf mit Salzwasser legen, aufkochen und 10–15 Minuten garen. Anschließend abgießen und ausdampfen lassen. Den Sellerie 8–10 Minuten auf die gleiche Weise garen. Das gekochte Gemüse mit der Butter und 1 Schuss Milch zerstampfen.

Das Fleisch in eine große ofenfeste Form füllen, das Püree gleichmäßig darauf verteilen. Mit etwas Olivenöl beträufeln und für 40 Minuten in den Ofen schieben, bis die Oberfläche leicht gebräunt ist.

PASTILLA MIT PERLHUHN UND KÜRBIS

Wer eine Reise nach Marokko macht, kommt an Pastilla nicht vorbei. Dieses traditionell mit Tauben- oder Hähnchenfleisch gefüllte, süßlich-pikante Gebäck schmeckt einfach umwerfend. Und auch wenn Sie der Puderzucker vielleicht irritieren mag, lassen Sie ihn nicht weg – er ist der Clou des Ganzen.

FÜR 4–6 PERSONEN

–

1 Perlhuhn *(1–1,5 kg)*

1 TL Zimt

½ TL gemahlener Koriander

Meersalz und frisch gemahlener schwarzer Pfeffer

Olivenöl

1 Kürbis *(700 g)*

3 rote Zwiebeln

½ TL gemahlenes Piment

½ Bund Koriandergrün

½ Bund glatte Petersilie

40 g Mandelblättchen

60 g Butter

270 g Filoteig

2 EL Puderzucker

250 g griechischer Joghurt

2 EL Harissa

Den Backofen auf 180 °C vorheizen. Das Perlhuhn in einen großen Bräter legen und mit ¼ Teelöffel Zimt, dem gemahlenen Koriander sowie Salz und Pfeffer würzen. Mit Olivenöl beträufeln und alles gut in das Fleisch einmassieren. Das Perlhuhn anschließend für 20 Minuten in den Ofen schieben.

Inzwischen den Kürbis schälen und in 2,5–3 cm große Stücke schneiden. Die Zwiebeln schälen und in 1 cm breite Spalten schneiden. Das Perlhuhn nach 20 Minuten aus dem Ofen nehmen und das Gemüse rundherum verteilen. Mit ½ Teelöffel Zimt und dem Piment bestreuen, mit Olivenöl beträufeln und durchmischen. Den Bräter für weitere 45–50 Minuten in den Ofen schieben, bis das Fleisch durchgegart und das Gemüse weich und leicht karamellisiert ist. Den Bräter dann herausnehmen, den Ofen aber nicht ausschalten.

Das Perlhuhn 15 Minuten abkühlen lassen. Das Fleisch von den Knochen lösen und in mundgerechte Stücke zerteilen. Den Kürbis mit dem Kartoffelstampfer leicht zerdrücken. Koriander- und Petersilienblätter abzupfen und fein hacken, dann mit zwei Drittel der Mandeln untermischen.

Die Butter in einem kleinen Topf zerlassen und eine ofenfeste Pfanne oder eine Pie-Form (etwa 26 cm Ø) damit auspinseln. Die Form mit Filoteig auslegen, sodass sich die Blätter überlappen, und dabei jedes Blatt mit Butter bepinseln. Am Rand großzügig überhängen lassen, damit Sie den Teig später über die Füllung schlagen können. Die Perlhuhn-Kürbis-Mischung auf dem Teigboden verteilen und den überstehenden Teig darüberschlagen. Mit zerlassener Butter bepinseln und mit den restlichen Mandeln bestreuen.

Die Pastilla 35–40 Minuten auf der untersten Schiene des Backofens backen, bis sie goldbraun und knusprig ist. 5 Minuten in der Form abkühlen lassen, dann mit dem restlichen Zimt und dem Puderzucker bestreuen und aufschneiden. Den Joghurt mit Harissa verrühren und dazu servieren.

5

GROSSARTIGES GRÜNZEUG

In diesem Kapitel dreht sich alles um Gemüse und Salat. Sie finden hier Rezepte für herrliche Beilagen, die sich zum großen Teil aber auch bestens als eigenständiges Gericht oder als Teil einer leichten Mahlzeit eignen. Und was gibt es Schöneres als einen Tisch, der sich unter der Last von Platten mit meisterhaft zubereitetem Gemüse biegt?

GEGRILLTE SALATHERZEN MIT APRIKOSEN UND FETA

In diesem wundervollen Salat bilden salziger Feta und süße Aprikosen ein perfektes Team. Ein sommerlicher Hochgenuss vom Feinsten!

FÜR 4 PERSONEN

–

3 Romana-Salatherzen

6 Aprikosen oder 4 Aprikosen und 2 Pfirsiche

1 EL flüssiger Honig

½ Bund Minze

1 EL Weißweinessig

3 EL natives Olivenöl extra

Meersalz und frisch gemahlener schwarzer Pfeffer

125 g Feta

1 kräftige Prise getrockneter Oregano

1 Handvoll rote und grüne Sprossen *(nach Belieben)*

Eine Grillpfanne bei hoher Temperatur heiß werden lassen. Die Salatherzen putzen und vierteln. Unter häufigem Wenden grillen, bis sie rundherum braune Streifen aufweisen. Aus der Pfanne nehmen und auf einer Platte anrichten.

Die Früchte je nach Größe halbieren oder vierteln und die Kerne entfernen. Mit der Schnittfläche nach unten in die Grillpfanne legen und warten, bis sie leicht karamellisiert sind. Nicht zu lange grillen, da sie sonst zerfallen. Die Früchte zum Schluss mit dem Honig beträufeln und zur Seite stellen.

Die Minzeblätter von den Stielen zupfen, grob hacken und in einer Schüssel mit dem Weißweinessig, dem Olivenöl sowie 1 kräftigen Prise Salz und Pfeffer verrühren. Die gegrillten Früchte zwischen den Salatspalten verteilen, mit dem Dressing beträufeln und den Feta darüberkrümeln. Den Oregano und die Sprossen darüberstreuen und den Salat sofort servieren.

GARTENSALAT MIT BUTTERMILCHDRESSING UND KARAMELLISIERTEN SAMEN

Den besonderen Pfiff verleiht diesem einfachen grünen Salat das cremig-pikante Dressing. Ein absolutes Muss sind die karamellisierten Samen.

FÜR 6 PERSONEN

–

50 g Kürbiskerne

1 EL Sesamsamen

50 g Sonnenblumenkerne

100 g Zucker

Meersalz und frisch gemahlener schwarzer Pfeffer

2 Kopfsalate

2 Romana-Salatherzen

2 rote Chicoréestauden

1 TL Senf

1 Bio-Zitrone

Rapsöl

150 ml Buttermilch

1 Bund Schnittlauch *(wenn Sie Schnittlauch mit Blüten bekommen, die Blüten mitverwenden)*

Ein Backblech mit Backpapier auslegen. Die Samen bei mittlerer Hitze in einer beschichteten Pfanne goldgelb rösten. Mit dem Zucker und 1 kräftigen Prise Salz bestreuen und den Zucker langsam karamellisieren lassen. Dabei nicht umrühren, sonst bilden sich große Kristalle. Die Pfanne vorsichtig schwenken, bis ein goldgelber Karamell entstanden ist. Die Mischung anschließend auf dem Backblech verteilen und abkühlen lassen.

Die Salatblätter ablösen, waschen und trocken schleudern. (Man kann die Salatköpfe auch, ohne den Wurzelansatz vorher zu entfernen, in Spalten schneiden, unter fließendem Wasser abspülen und mit Küchenpapier trocken tupfen.) Die Salate anschließend auf einer Servierplatte anrichten.

Für das Dressing den Senf in ein Schraubglas füllen und kräftig mit Salz und Pfeffer würzen. Die Zitronenschale dazureiben, den Saft hineinpressen und etwas Rapsöl hinzufügen. Das Glas gut verschließen und kräftig schütteln. Die Buttermilch dazugeben und nochmals kräftig schütteln.

Die karamellisierten Samen im Mörser zerstoßen. Den Schnittlauch fein schneiden. Den Salat mit dem Dressing beträufeln, mit Schnittlauch und karamellisierten Samen bestreuen, mit ein paar Schnittlauchblüten garnieren, falls vorhanden, und servieren.

FRÜHLINGSSALAT

So schmeckt der Frühling, und auch optisch lässt dieser Salat nichts zu wünschen übrig, mit den kleinen weißen Labneh-Sprenkeln zwischen dem frühlingshaften Grün. Einfach himmlisch.

FÜR 4 PERSONEN als Beilage oder leichte Mahlzeit

–

1 TL Korianderkörner

1 TL Schwarzkümmelsamen

2 TL Sesamsamen

Saft von 1 Zitrone

1 TL Senf

natives Olivenöl extra *(auch Raps- oder Avocado-Öl eignet sich sehr gut)*

Meersalz und frisch gemahlener schwarzer Pfeffer

4 Frühlingszwiebeln

2 Zucchini

75 g Rucola

50 g Brunnenkresse

1 Handvoll Erbsen, frisch enthülst

1 Handvoll Dicke Bohnen, frisch enthülst und enthäutet *(wenn Sie keine Dicken Bohnen bekommen, nehmen Sie einfach entsprechend mehr Erbsen)*

1 Bund gemischte Kräuter *(z. B. Petersilie, Minze, Kerbel und Estragon)*

150 g Labneh *(siehe Seite 240; wenn es schneller gehen muss, nehmen Sie am besten Ziegenfrischkäse)*

Koriander, Schwarzkümmel und Sesam einige Minuten bei mittlerer Hitze in einer Pfanne rösten, bis sie ihr Aroma entfalten. Abkühlen lassen, im Mörser grob zerstoßen und zur Seite stellen.

Für das Dressing den Zitronensaft kräftig mit dem Senf und 4 Esslöffeln Öl verrühren und großzügig mit Salz und Pfeffer würzen.

Die Frühlingszwiebeln in feine Ringe schneiden und in eine große Salatschüssel geben. Die Zucchini über der Schüssel mit dem Sparschäler in lange, dünne Streifen hobeln. Rucola und Brunnenkresse waschen, trocken schleudern, mit den Erbsen und den Bohnen zum übrigen Gemüse geben und alles vorsichtig durchmischen.

Die Kräuterblätter von den Stielen zupfen, grob hacken und bis auf einen kleinen Rest zum Salat geben. Die restlichen Blätter fein hacken. Die gerösteten Samen auf das Schneidebrett schütten und mit 1 kräftigen Prise Salz und den fein gehackten Kräutern mischen. Das Labneh in mundgerechte Stücke zerteilen und diese vorsichtig in der Mischung wälzen. Den Salat mit dem Dressing anmachen, das Labneh darüberstreuen und servieren.

GEGRILLTER RADICCHIO MIT HASELNÜSSEN UND ROSMARIN

Ich liebe den Kontrast zwischen bitterem Radicchio und dem süßen Dressing. Sollten Sie noch nie gegrillten Radicchio probiert haben, wird es höchste Zeit. Das Grillen mildert die Bitterkeit und verleiht dem Salat eine schöne rauchige Note.

FÜR 4–6 PERSONEN

–

2 Knoblauchzehen

40 g Haselnusskerne

2 Rosmarinzweige

2 kleine oder 3 mittelgroße Radicchioköpfe

natives Olivenöl extra

2 EL getrocknete Cranberrys

2 EL flüssiger Honig

75 ml Balsamico-Essig

1 Handvoll Rucola

100 g altbackenes Brot *(helles Sauerteigbrot wie Ciabatta)*

Meersalz und frisch gemahlener schwarzer Pfeffer

Die Grillpfanne einige Minuten bei starker Hitze vorheizen. Den Knoblauch schälen und fein schneiden. Die Haselnüsse grob hacken. Die Rosmarinnadeln von den Stielen zupfen und ebenfalls hacken. Die Radicchioköpfe in breite Spalten schneiden, in die heiße Grillpfanne legen und auf beiden Seiten einige Minuten grillen. Anschließend in eine Servierschüssel legen.

Etwas Olivenöl bei schwacher bis mittlerer Temperatur in einer mittelgroßen Pfanne heiß werden lassen und den Knoblauch mit den Haselnüssen, dem Rosmarin und den Cranberrys goldgelb anbraten. Den Honig in die Pfanne gießen und 1 Minute erwärmen. Den Essig dazugeben, umrühren und die Temperatur erhöhen. Sobald sich erste Blasen zeigen, die Pfanne vom Herd nehmen und das Dressing 5 Minuten abkühlen lassen.

Rucola waschen und trocken schleudern. Den etwas abgekühlten Radicchio auf einem Schneidebrett grob zerkleinern und wieder in die Servierschüssel füllen. Das Brot in mundgerechte Stücke schneiden und zum Radicchio geben. Den Salat mit dem Dressing übergießen, alles gut vermischen und mit Salz und Pfeffer abschmecken. Mit Rucolablättern bestreut servieren.

GEGRILLTER BROKKOLI MIT TAHIN-DRESSING UND SUMACH

Alle Kohlsorten profitieren vom Braten oder Grillen – es intensiviert den Geschmack und lässt das Gemüse fleischiger wirken. Zusammen mit dem pikanten Joghurtdressing, mit dem der Brokkoli hier serviert wird, erinnert er mich an Sommerferien auf Zypern. Ich könnte ohne Weiteres eine ganze Schüssel davon verdrücken.

FÜR 6 PERSONEN als Beilage

–

1 Prise Safran

½ TL Chiliflocken

1 gehäufter TL getrockneter Oregano

½ EL Sesamsamen, geröstet *(möglichst eine Mischung aus weißem und schwarzem Sesam)*

Meersalz und frisch gemahlener schwarzer Pfeffer

1 kg Brokkoli oder Romanesco *(ich nehme am liebsten eine Mischung aus beidem)*

Olivenöl

250 g griechischer Joghurt

2 EL Tahin

Saft von 1 Zitrone

½ Knoblauchzehe

¼ TL Sumach

Den Backofen auf 200 °C vorheizen.

Den Safran in einer kleinen Schüssel oder einer Tasse mit 2 Esslöffeln kochend heißem Wasser übergießen. Umrühren und zur Seite stellen.

Die Chiliflocken im Mörser mit Oregano, Sesam und 1 Teelöffel Meersalz zerstoßen.

Den Brokkoli oder Romanesco in Röschen zerteilen, die Stiele in Scheiben schneiden und dabei darauf achten, dass die Stücke möglichst die gleiche Größe haben. Auf ofenfeste Formen verteilen, gleichmäßig mit Olivenöl beträufeln und mit dem aromatisierten Salz bestreuen. Alles gut durchmischen, in den Formen ausbreiten und 25–30 Minuten im Backofen rösten, bis das Gemüse gar und an den Rändern schön gebräunt ist.

Inzwischen für das Dressing den Joghurt in einer Schüssel mit Tahin und Zitronensaft glatt rühren. Den Knoblauch schälen und in die Schüssel pressen. Das Ganze kräftig mit Salz und Pfeffer abschmecken und den Safran mit seinem Wasser unterrühren.

Das Dressing gleichmäßig auf einer Servierplatte verstreichen und den Brokkoli darauf anrichten. Mit Sumach bestreuen und servieren. Der gegrillte Brokkoli schmeckt auch zimmerwarm sehr gut und lässt sich deshalb gut im Voraus zubereiten.

KHICHDI

Dieses traditionelle indische Gericht aus Reis und Hülsenfrüchten mag ich ganz besonders. Es beruht auf den Prinzipien des Ayurveda und lässt sich perfekt zusammen mit anderen indischen Speisen kombinieren. Eine Schale voller Khichdi kann aber auch gut für sich allein stehen – an die Löffel, fertig, los! Und wer gleich eine größere Menge zubereitet, kann sich länger freuen.

FÜR 6 PERSONEN

–

150 g gelbe indische Mungbohnen *(Mung Dal)*

3 Knoblauchzehen

2 Zwiebeln

1 grüne Chilischote

3 EL Ghee oder Butterschmalz

½ EL Kreuzkümmelsamen

250 g Basmatireis *(ich verwende gerne eine Mischung aus weißem und braunem Reis)*

Meersalz und frisch gemahlener schwarzer Pfeffer

15 Curryblätter

1 Stück *(2 cm)* Ingwerwurzel, geschält

1 TL schwarze Senfkörner

1 TL gemahlene Kurkuma

1 kleine Zimtstange

200 g Grünkohl oder Spinat

Die Mungbohnen in einem Sieb unter fließendem Wasser waschen. Den Knoblauch schälen und fein schneiden. Die Zwiebeln schälen und fein hacken. Die Chilischote der Länge nach halbieren, die Samen entfernen und die Schoten fein schneiden.

Etwas Ghee oder Butterschmalz bei mittlerer Temperatur in einem großen Topf heiß werden lassen und den Kreuzkümmel darin anschwitzen. Den Reis und die Bohnen dazugeben, kräftig mit Salz und Pfeffer würzen und 1 ¾ l Wasser angießen. Zum Kochen bringen, die Temperatur reduzieren und das Ganze zugedeckt 40 Minuten bei schwacher Hitze köcheln lassen. Wenn zu viel Flüssigkeit verdunstet, noch etwas Wasser hinzufügen.

Inzwischen das restliche Ghee oder Butterschmalz bei mittlerer Temperatur in einer Pfanne erhitzen und den Knoblauch 1 Minute goldgelb anbraten. Die Zwiebeln, die Chilischote und die Curryblätter dazugeben und den Ingwer darüberreiben. Die Temperatur etwas reduzieren und das Ganze 5–10 Minuten anschwitzen, bis die Zwiebeln glasig sind. Die Temperatur wieder erhöhen, Senfkörner, Kurkuma und Zimtstange dazugeben und 2 Minuten mitbraten.

Die dicken Stiele von Grünkohl oder Spinat entfernen. Das Gemüse grob hacken und mit der Zwiebelmischung zum Reis und den Bohnen geben. Das Gericht sollte eine cremige Konsistenz haben, deshalb noch bis zu 200 ml Wasser hinzufügen, wenn es zu dick ist. 15–20 Minuten fertig garen, noch einmal abschmecken und mit warmem Chapati (indischem Fladenbrot) servieren.

POLENTA MIT KNOBLAUCH-BASILIKUM-BUTTER

Eine richtig gute Polenta ist eines der allerbesten Wohlfühlgerichte überhaupt. Schlecht zubereitet, ist sie allerdings nichts als ein zäher Brei. Doch lassen Sie sich davon nicht abschrecken. Denn eigentlich ist alles ganz einfach. Was Sie brauchen, ist ein wenig Zeit und Geduld und etwas Gespür für die richtige Menge Butter und Salz. Diese Polenta passt übrigens perfekt zu den geschmorten Lammhachsen von Seite 160. Man kann sie aber ebenso gut – mit einer großen Schüssel Blattgemüse – als eigenständige Mahlzeit servieren.

TIPP *Das Rezept ergibt mehr Knoblauchbutter als Sie hier brauchen. Das liegt daran, dass ich immer eine ganze Knolle nehme, weil sie sich leichter rösten lässt. Dabei hat man verschiedene Möglichkeiten. Ich gebe sie, wenn ich gerade etwas anderes im Ofen habe, einfach mit hinein und lasse sie karamellisieren. Restliche Knoblauchbutter einfach im Kühlschrank aufbewahren und zum Beispiel zu Kartoffeln, Hähnchen oder Gemüse servieren.*

FÜR 4 PERSONEN

–

1 Knolle Knoblauch

natives Olivenöl extra

1 Bund Basilikum

150 g Butter

Meersalz und frisch gemahlener schwarzer Pfeffer

250 ml Milch

150 g Maisgrieß *(keine Instant-Polenta)*

50 g Pecorino

Den Backofen auf 180 °C vorheizen. Die papierne Hülle von der Knoblauchknolle ablösen. Die Knolle in eine kleine ofenfeste Form setzen, mit Olivenöl beträufeln und für 15 Minuten in den Ofen schieben, bis sie weich ist und etwas Farbe angenommen hat. Herausnehmen und etwas abkühlen lassen.

Das Basilikum hacken. 125 g Butter in Stücke schneiden und mit dem Basilikum sowie 1 kräftigen Prise Salz und Pfeffer in die Küchenmaschine geben. Die Knoblauchzehen aus der Schale pressen, dazugeben und alles fein pürieren. Die Butter auf ein Stück Backpapier geben, zu einer Rolle formen und in den Kühlschrank legen.

Für die Polenta die Milch mit 750 ml Wasser und 1 knappen Teelöffel Salz in einem großen Topf mit schwerem Boden zum Kochen bringen. Den Grieß in einem feinen Strahl hineinrieseln lassen und dabei ohne Pause mit dem Schneebesen kräftig rühren. Die Temperatur etwas erhöhen und noch einige Minuten weiterrühren. Die Polenta anschließend etwa 40 Minuten bei schwächster Hitze köcheln lassen, bis sie sich vom Topf löst. Dabei alle 5 Minuten umrühren, damit nichts ansetzt.

Den Pecorino über die fertige Polenta reiben, mit der restlichen Butter unterrühren. Die Polenta noch einmal abschmecken und servieren.

GEBACKENE AUBERGINE MIT MISO

Wenn man Auberginen nicht lange genug gart, werden sie gummiartig. Und dann winken selbst ausgemachte Liebhaber dieser Schönheiten ab. In diesem Rezept steche ich die Aubergine wie einen Braten mehrfach ein, dann wird sie mariniert und im Ofen langsam gebacken. Das Ergebnis ist ein wunderbar cremiges, aromatisches Gericht, in das man nicht viel Zeit und Arbeit investieren muss. Und weil die Aubergine im Ganzen gart, kommt sie hier sogar mit wenig Öl aus.

FÜR 4 PERSONEN

–

1 Stück *(3cm)* Ingwerwurzel

4 Knoblauchzehen

2 kleine grüne Chilischoten

2 Auberginen

Meersalz und frisch gemahlener schwarzer Pfeffer

Erdnussöl

200 g Kirschtomaten

4 Frühlingszwiebeln

½ Bund Koriandergrün

1 Limette

1 EL Tamarindenpaste

½ EL Honig

3 EL süßes weißes Miso

Den Backofen auf 180 °C vorheizen.

Ingwer und Knoblauch schälen. Die Chilischoten in feine Ringe schneiden. Die Auberginen mehrfach mit einem kleinen scharfen Messer einstechen, wie ein Bratenstück, das gepickt werden soll. Den Ingwer in den Mörser reiben, dann mit Knoblauch, Chilischoten und 1 kräftigen Prise Salz zu einer dicken Paste zerstoßen und mit etwas Öl verdünnen. Die Auberginen in eine ofenfeste Form legen, die Paste darauf verteilen und in die Einschnitte drücken. Die Tomaten rundherum verteilen und die Form für 40 Minuten in den Ofen schieben. Die Auberginen während des Bratens mehrfach wenden.

Inzwischen die Frühlingszwiebeln putzen und in feine Ringe schneiden, das Koriandergrün grob hacken und beides in eine Schüssel füllen. Den Saft der Limette darüberpressen und alles gut durchmischen.

Die Tamarindenpaste mit Honig, Miso und so viel Wasser verrühren, dass eine dicke Glasur entsteht. Die Auberginen aus dem Ofen nehmen und die Backofentemperatur auf 200 °C erhöhen. Die Auberginen mit der Glasur überziehen und nochmals für 20 Minuten in den Ofen schieben, bis sie karamellisiert sind. Anschließend herausnehmen und etwas abkühlen lassen.

Die Auberginenstiele vorsichtig entfernen und wegwerfen. Das Fruchtfleisch grob zerkleinern, mit den angemachten Frühlingszwiebeln mischen und sofort servieren.

BROTSALAT MIT TOMATEN UND GEBACKENEM RICOTTA

Im Sommer mache ich mir diesen frischen, leichten Salat, für den die italienische Panzanella Pate gestanden hat, oft zu Mittag. Ich verwende allerdings anstelle von altbackenem Brot geröstetes – bei uns zu Hause hält sich Brot gar nicht so lange, dass es altbacken werden könnte. Eine besondere Note steuert der gebackene Ricotta mit seiner interessanten Konsistenz bei. Der Salat schmeckt aber auch gut, wenn man auf das Backen verzichtet.

FÜR 4 PERSONEN als Hauptgericht oder für 6–8 Personen als Beilage

–

200 g Ricotta

natives Olivenöl extra

½ TL getrockneter Oregano

Meersalz und frisch gemahlener schwarzer Pfeffer

1 Ciabatta *(etwa 275 g)*

1 Bund Basilikum *(ich nehme kleinblättriges)*

1 kleine Knoblauchzehe

2 EL Rotweinessig

1 kg reife Strauchtomaten *(möglichst in verschiedenen Farben und Größen)*

1 grüne Chilischote

Den Backofen auf 180 °C vorheizen.

Den Ricotta in eine kleine ofenfeste Form füllen, großzügig mit Olivenöl beträufeln und mit dem Oregano bestreuen. Kräftig mit Salz und Pfeffer würzen und für 30 Minuten in den Ofen schieben, bis der Käse außen goldbraun ist. Das Ciabatta in mundgerechte Stücke reißen, auf einem Backblech verteilen, mit Olivenöl beträufeln, kräftig mit Salz und Pfeffer würzen und während der letzten 10 Minuten mitbacken. Brot und Ricotta anschließend herausnehmen und abkühlen lassen.

Inzwischen für das Dressing die Basilikumblätter abzupfen und grob hacken (ein paar Blätter zum Garnieren aufheben). Den Knoblauch schälen und mit dem Basilikum und dem Essig in den Mixer geben. Mit Salz und Pfeffer würzen, 4 Esslöffel Olivenöl hinzufügen und das Ganze fein pürieren. Ist das Dressing zu dick, noch etwas Olivenöl unterrühren.

Die Tomaten aufschneiden (ich schneide gerne einen Teil in Scheiben, einen Teil in Spalten und einen Teil in Stücke), in einer großen Schüssel mit Ciabatta und Dressing mischen und 10 Minuten ruhen lassen. Den Salat unmittelbar vor dem Servieren auf einer Platte anrichten und den Ricotta darüberkrümeln. Die Chilischote der Länge nach halbieren, die Samen entfernen und die Schote sehr fein schneiden. Den Salat mit Chilistreifen und den restlichen Basilikumblättern bestreuen und servieren.

GEGRILLTE MAISKOLBEN AUF INDONESISCHE ART

Meine Leidenschaft für gegrillte Maiskolben ist auf unserer Hochzeitsreise in Indonesien erwacht. Am späten Nachmittag, wenn es Zeit für einen Sundowner und einen Snack ist, ziehen Heerscharen von Imbissverkäufern mit ihren Karren die Strände entlang. Zu den Maiskolben gibt es Würzbutter, die jeder auf seine eigene Weise verfeinert. Ich mochte am liebsten diese ein wenig salzige, ein wenig süße und ein wenig pikante Variante, die sich auch prima für eine Grillparty eignet und bereits mehrere Tage im Voraus hergestellt werden kann.

FÜR 8 PERSONEN

–

1 Stück *(2 cm)* Ingwerwurzel

2 Knoblauchzehen

2 Bio-Limetten

Meersalz

1 rote Chilischote

1 Stängel Zitronengras

1 gehäufter EL Demerarazucker

150 g Butter

8 Maiskolben *(nach Möglichkeit mit Hüllblättern)*

Ingwer und Knoblauch schälen, grob hacken und mit der abgeriebenen Limettenschale und 1 kräftigen Prise Meersalz im Mörser zu einer glatten Paste zerstoßen. Die Chilischote der Länge nach halbieren und die Samen entfernen. Die Schote hacken, unter die Paste mischen und dabei zerdrücken. Das Zitronengras von den äußeren Schichten befreien, das Innere zur Paste geben und leicht zerdrücken. Zum Schluss den Zucker und noch etwas Salz untermischen.

Die Butter in Stücke schneiden, mit der Würzpaste in einen kleinen Topf geben und unter gelegentlichem Rühren bei schwacher Hitze zerlassen und 5 Minuten ziehen lassen, dann vom Herd nehmen und zum Abkühlen beiseitestellen. Die erkaltete Butter in eine Schüssel füllen und in den Kühlschrank stellen.

Maiskolben mit Hüllblättern vor dem Grillen für mindestens 1 Stunde in reichlich Wasser legen, damit die Blätter nicht verbrennen. Eine Grillpfanne bei hoher Temperatur erhitzen und die Maiskolben unter gelegentlichem Wenden etwa 20 Minuten (geschälte Kolben etwa 15 Minuten) grillen. Die Hüllblätter danach zurückschlagen, die Kolben mit der Butter bepinseln, auf jeder Seite noch einige Minuten grillen und dabei immer wieder mit der Butter bepinseln. Auf einem Schneidebrett oder einer Platte anrichten, nochmals mit Butter bestreichen und mit den in Spalten geschnittenen Limetten servieren.

APFEL-UND-BIRNEN-SALAT MIT ESTRAGONDRESSING

Eine erfrischende Ergänzung wie diesen Salat können viele herzhafte Gerichte gut vertragen. Besonders gern esse ich ihn zu den überbackenen Nudeln von Seite 148.

FÜR 6 PERSONEN

–

2 Äpfel *(z. B. Cox Orange oder Braeburn)*

2 kleine oder 1 große Birne mit festem Fruchtfleisch

½ Zitrone

1 kleine Zwiebel

1 Bund Estragon

3 EL Apfelessig

1 TL Dijonsenf

natives Olivenöl extra

Meersalz und frisch gemahlener schwarzer Pfeffer

50 g Brunnenkresse, junge Rote-Bete-Blätter und Rucola, gemischt

1 Kästchen Kresse

Die Äpfel und Birnen vom Kerngehäuse befreien und mit dem Gemüsehobel oder der Küchenmaschine in hauchdünne Scheiben schneiden. In eine große Schüssel füllen und den Zitronensaft darüberpressen, damit sie nicht braun werden. Die Zwiebel schälen, halbieren und in dünne Scheiben schneiden. Zu den Früchten geben und alles gut durchmischen.

Die Estragonblätter von den Stielen zupfen und mit Essig, Senf und 4 Esslöffeln Olivenöl in den Mixer geben. Kräftig mit Salz und Pfeffer würzen und pürieren, bis eine leuchtend grüne Sauce entstanden ist. Ist das Dressing zu dick, noch etwas Olivenöl unterrühren. Das Dressing über den Salat gießen und die Zutaten sorgfältig mit den Händen durchmischen. Brunnenkresse, Rote-Bete-Blätter und Rucola waschen und trocken schleudern, die Kresse abschneiden und alles unmittelbar vor dem Servieren unterheben.

KARAMELLISIERTE MÖHREN UND GELBE BETE MIT HARISSA UND DATTELN

Davon mache ich immer gleich die doppelte Menge, damit genug für den nächsten Tag übrig bleibt. Das Gericht ist ganz einfach zuzubereiten und eignet sich ebenso gut als Beilage wie als Bestandteil eines Büfetts oder zum Mitnehmen für die Mittagspause. Ich kann davon gar nicht genug kriegen.

FÜR 6 PERSONEN

–

900 g Möhren und Gelbe Beten *(ersatzweise können Sie auch Rote Bete oder einfach entsprechend mehr Möhren nehmen)*

2 EL Harissa *(ich liebe Harissa mit Rosenblüten)*

1 Orange oder 2 Clementinen

Olivenöl

Meersalz und frisch gemahlener schwarzer Pfeffer

1 großer EL Honig

2 EL gemischte Samen *(z. B. Kürbiskerne, Sesamsamen und Sonnenblumenkerne)*

1 Bund glatte Petersilie

75 g Medjool-Datteln

Rotweinessig

Den Backofen auf 200 °C vorheizen und Salzwasser in einem großen Topf zum Kochen bringen.

Die Möhren und Beten schälen, in etwa 3–4 cm große Stücke schneiden und 5 Minuten im kochenden Salzwasser vorgaren. Anschließend abgießen und 1 Minute ausdampfen lassen. In eine ofenfeste Form füllen und die Harissa darauf verteilen. Die Orange oder die Clementinen darüber auspressen, alles großzügig mit Olivenöl beträufeln und kräftig mit Salz und Pfeffer würzen. Das Gemüse gut durchmischen und für 30 Minuten in den Backofen schieben. Die Form nach der Hälfte der Zeit einmal kräftig rütteln. Das Gemüse nach 30 Minuten gleichmäßig mit dem Honig beträufeln und für weitere 10–15 Minuten in den Ofen schieben, bis es karamellisiert ist.

Die Samen in eine ofenfeste Form streuen, für die letzten 4–5 Minuten mit in den Ofen schieben und goldbraun rösten.

Das Gemüse und die Samen etwa 10 Minuten abkühlen lassen. Die Petersilienblätter von den Stielen zupfen und hacken. Die Datteln entsteinen, fein hacken und mit 1 Esslöffel Rotweinessig und den Samen zum abgekühlten Gemüse geben. Alles gut durchmischen, noch einmal abschmecken und noch etwas Essig hinzufügen, falls nötig. Auf einer Platte oder in einer großen Schüssel anrichten und servieren.

RÖSTKARTOFFELN MIT OREGANO UND CHILIDRESSING

Meine beiden Großmütter sind berühmt für ihre Röstkartoffeln. Warum sie so gut schmecken, ist mir erst vor Kurzem klar geworden: Sie werden mit reichlich Öl in der Pfanne gebraten. Schmeckt zwar köstlich, ist aber nicht gerade gesund. Deshalb röste ich Kartoffeln viel lieber im Ofen. So werden sie schön knusprig, und ganz zum Schluss sorgt das Dressing für einen Aromakick.

FÜR 6–8 PERSONEN

–

1,5 kg mehligkochende Kartoffeln

Meersalz und frisch gemahlener schwarzer Pfeffer

Olivenöl

¼ TL getrockneter Oregano

1 Knoblauchzehe

1 Bio-Zitrone

½ Bund Petersilie

½ rote Chilischote

Den Backofen auf 190 °C vorheizen.

Die Kartoffeln schälen. Kleine Exemplare ganz lassen, größere zerteilen, sodass alle etwa die gleiche Größe haben. In einen großen Topf füllen, mit 1 kräftigen Prise Salz würzen, mit kaltem Wasser bedecken und bei starker Hitze zum Kochen bringen. 10 Minuten kochen lassen, bis die Kartoffeln fast gar sind. In ein Sieb abgießen und einige Minuten ausdampfen lassen.

Den Topf austrocknen, die Kartoffeln wieder hineinfüllen, den Deckel auflegen und den Topf kräftig schütteln, bis die Oberfläche der Kartoffeln leicht aufgeraut ist.

Die Kartoffeln nebeneinander in einer großen ofenfesten Form verteilen, großzügig mit Olivenöl beträufeln, kräftig mit Salz und Pfeffer würzen, mit dem Oregano bestreuen und vorsichtig durchmischen. Anschließend 80 Minuten im Backofen goldbraun rösten und dabei ein- bis zweimal wenden.

Wenn die Kartoffeln fast fertig sind, das Dressing herstellen: Den Knoblauch schälen und auf ein Schneidebrett pressen. Die Zitronenschale dazureiben, die Petersilienblätter abzupfen, die Chilischote entkernen. Alles zusammen auf dem Schneidebrett sehr fein hacken, dann in eine Schale füllen. Den Saft einer Zitronenhälfte auspressen und unterrühren.

Das Dressing über die gerösteten Kartoffeln gießen, alles durchmischen und sofort servieren.

SPITZKOHL MIT CHILI UND CASHEWKERNEN

Der Spitzkohl wird von seinen angesagteren Kollegen – Grünkohl, Mangold und Spinat – in letzter Zeit ein wenig in den Hintergrund gedrängt. Dabei schmeckt er nicht weniger gut und er lässt sich nicht selten auf ähnliche Weise zubereiten. Wichtig beim Garen ist, dass man ihn nicht zerkocht und die Nährstoffe erhalten bleiben. Sie können nach diesem Rezept auch Rosenkohl zubereiten. Die Garzeit verringert sich dann etwas. Ich serviere diesen Spitzkohl gerne zu Currys und anderen scharf gewürzten Speisen. Gut schmeckt er aber auch zu einem Braten.

FÜR 6 PERSONEN

–

35 g Cashewkerne

1 Spitz- oder Sommerkohl *(500 g)*

1 Stück *(2 cm)* Ingwerwurzel

2 Knoblauchzehen

Meersalz und frisch gemahlener schwarzer Pfeffer

2 Schalotten

1–2 grüne Chilischoten *(je nach Geschmack)*

Erdnuss- oder Pflanzenöl

½ EL Kreuzkümmelsamen

1 TL schwarze Senfkörner

½ TL gemahlene Kurkuma

1 TL gemahlener Koriander

Saft von ½ Zitrone

Den Backofen auf 180 °C vorheizen. Die Cashewkerne in einer ofenfesten Form verteilen und 8–10 Minuten goldbraun rösten. Anschließend herausnehmen und abkühlen lassen.

Die äußeren Kohlblätter entfernen. Den restlichen Kohl in sehr feine Streifen schneiden. (Wenn Sie Rosenkohl verwenden, die Enden abschneiden und die Röschen in der Küchenmaschine oder von Hand in hauchdünne Scheiben schneiden.) Ingwer und Knoblauch schälen, grob hacken und mit 1 kräftigen Prise Salz im Mörser zu einer Paste zerstoßen. Die Schalotten schälen und in feine Ringe schneiden. Die Chilischoten der Länge nach halbieren, die Samen entfernen und die Schoten fein schneiden.

Etwas Öl bei niedriger bis mittlerer Temperatur in einer großen Pfanne erhitzen. Den Kreuzkümmel und die Senfkörner hineingeben und 1 Minute anrösten. Die Schalotten mit Chili, Knoblauchpaste, Kurkuma und Koriander dazugeben und 10 Minuten glasig anschwitzen. Die Temperatur etwas erhöhen, den Kohl hinzufügen und 6–8 Minuten garen, bis er weich ist und die Flüssigkeit vollständig verdunstet ist. Wenn er anzusetzen droht, einen Schuss Wasser in die Pfanne gießen. Zum Schluss mit Zitronensaft beträufeln.

Inzwischen die Cashewkerne fein hacken. Den fertigen Spitzkohl damit bestreuen und sofort servieren.

6

BACKEN MACHT GLÜCKLICH

Das Backen war für mich schon immer eine Art Therapie. Ich liebe jeden einzelnen Schritt: das genaue Abwiegen der Zutaten, das Schlagen, Rühren und Kneten, ja, sogar das Chaos, das hinterher manchmal in der Küche herrscht. Backen ist eine Tätigkeit, bei der man alles um sich herum vergessen kann. Und ein Kuchen ist etwas, das man gemeinsam mit anderen genießen muss. Das gehört ohne Zweifel zu den einfachsten und größten Freuden des Lebens: etwas herzustellen und es mit anderen zu teilen. Und wenn man irgendwo mit etwas Selbstgebackenem aufkreuzt, ist einem ein Lächeln gewiss. Was könnte es Schöneres geben? Im folgenden Kapitel finden Sie Klassiker und Neuheiten, aber auch einige echte Hingucker, die etwas Zeit und Übung erfordern.

HAFER-MANDEL-COOKIES MIT ROSINEN

Wenn es Ihnen wirklich gelingt, bei diesen Cookies nicht schon einmal vom Teig zu naschen, haben Sie meine volle Hochachtung, denn ich kann mich da nie beherrschen. Am liebsten genieße ich diese Kekse, wenn ich es mir mit einer Decke und einer großen Tasse Tee auf dem Sofa gemütlich gemacht habe, um im Fernsehen zum x-ten Mal einen meiner Lieblingsfilme anzuschauen.

ERGIBT ETWA 20 STÜCK

–

175 g Haferflocken

150 g Vollkorn- oder Weizenmehl

1 kräftige Prise Meersalz

1 TL Zimt

1 TL Backpulver

125 g zimmerwarme Butter

75 g Mandelmus *(oder ein anderes Nussmus - auch Erdnussbutter eignet sich hervorragend)*

325 g Demerarazucker

2 große Eier

100 g Rosinen

Den Backofen auf 180 °C vorheizen.

100 g Haferflocken in der Küchenmaschine fein zerkleinern. Mehl, Salz, Zimt und Backpulver dazugeben und alles vermischen. Wenn Sie keine Küchenmaschine besitzen, macht das nichts – die Cookies schmecken genauso gut, wenn die Haferflocken nicht zerkleinert werden.

Die Butter und das Mandelmus 1 Minute in der Küchenmaschine oder mit dem Handrührgerät glatt rühren. Den Zucker hinzufügen und das Ganze 2–3 Minuten cremig aufschlagen. Anschließend die Eier dazugeben. Zum Schluss mit einem großen Löffel aus Metall die trockenen Zutaten, die restlichen Haferflocken sowie die Rosinen unterheben.

Zwei Backbleche mit Backpapier auslegen. Mit einem Esslöffel etwa golfballgroße Portionen vom Teig abstechen und im Abstand von mindestens 2–3 cm auf die Bleche setzen. Die Cookies 10–11 Minuten backen, bis sie Farbe annehmen, aber noch weich sind. 5 Minuten auf dem Blech abkühlen lassen und dann zum Auskühlen auf ein Kuchengitter legen.

UNWIDERSTEHLICHE BLONDIES

Wenn Sie sich bis hierher vorgearbeitet haben, ist Ihnen vielleicht aufgefallen, dass ich in keinem meiner Rezepte Kokosöl verwende, das ja derzeit buchstäblich in aller Munde ist. Nicht, dass ich es nicht mag – ganz im Gegenteil. Aber es für alles und jedes zu verwenden, macht keinen Sinn. Da ich mit einem Team von Ernährungswissenschaftlern zusammenarbeite, weiß ich, dass Kokosfett mehr gesättigte Fettsäuren enthält als Speck, und ich fürchte, die sogenannten gesundheitsfördernden Eigenschaften, die man ihm nachsagt, wiegen das nicht auf. Deshalb bleibt dieses Rezept eine Ausnahme, denn das Kokosfett verleiht den Blondies einen wirklich sensationellen Geschmack. Und ganz ehrlich – gesund sind Kuchen und Kekse doch nie. Aber sie schmecken so lecker, und beim Backen kann ich mich so gut entspannen ... das ist doch schließlich die Hauptsache.

ERGIBT 20 STÜCK

–

180 g Kokosöl oder Butter *(oder eine Mischung aus beidem)*, plus Fett für die Form

2 TL Backpulver

½ TL Meersalz

250 g Mehl

500 g Demerarazucker

2 große Eier, verquirlt

1½ Päckchen Vanillezucker

125 g Zartbitter-, Vollmilch- oder weiße Schokolade *(oder eine Mischung)*

Den Backofen auf 180 °C vorheizen. Eine quadratische Kuchenform (20 cm Seitenlänge) einfetten und mit Backpapier auskleiden. Das Backpulver mit Salz und Mehl mischen. Das Kokosöl (und/oder die Butter) bei schwacher Hitze in einem mittelgroßen Topf zerlassen und den Zucker langsam unter Rühren darin auflösen, bis ein heller Karamell entstanden ist. Den Karamell in eine Rührschüssel gießen (wenn der Zucker ein wenig auskristallisiert, macht das nichts) und 15 Minuten ruhen lassen.

Anschließend die Eier und den Vanillezucker unterrühren, dann mit einem Löffel aus Metall die Mehlmischung kurz unterheben, bis die Zutaten gerade vermischt sind. Die Schokolade hacken und unter den Teig heben. Den Teig in die Form füllen, glatt streichen und 30 Minuten backen, bis sich eine schöne Kruste gebildet hat, der Teig aber noch schön saftig ist.

Den Kuchen 10 Minuten in der Form abkühlen lassen, dann auf ein Kuchengitter setzen, weitere 20 Minuten abkühlen lassen und anschließend in 20 Stücke schneiden. Die Blondies auf dem Kuchengitter vollständig auskühlen lassen. In einer gut verschlossenen Keksdose oder in einer Kunststoffbox halten sie sich 3–4 Tage – falls sie nicht schon vorher aufgegessen sind.

RÜHRKUCHEN MIT KIRSCHEN UND MANDELN

Mein kleines Kochbuchteam war so versessen auf diesen Kuchen, dass es ihn an einem Tag verputzt hatte. Deshalb widme ich dieses Rezept Isla, Kendal und Laura, die dem Charme von Kirschen und Mandeln erlegen sind. Der feine Geschmack und die wunderbar saftige Konsistenz des Kuchens sprechen für sich. Und sollte doch einmal etwas übrig bleiben, kann der Rest gut verpackt ohne Weiteres mehrere Tage aufbewahrt werden.

ERGIBT 16 STÜCKE

–

250 g zimmerwarme Butter, plus Butter für die Form

350 g Mehl, plus Mehl für die Form

150 g Kirschen

75 g Maraschino- oder Cocktailkirschen

500 g Zucker

6 große Eier

½ TL Mandelextrakt

¼ TL Speisesalz

2 TL Backpulver

300 ml Milch

75 g gemahlene Mandeln

2 EL Mandelblättchen

200 g Puderzucker

2 EL Amaretto *(oder Wasser)*

Den Backofen auf 180 °C vorheizen. Eine Napfkuchenform mit Butter einfetten (am besten nimmt man dazu einen Backpinsel), großzügig mit Mehl ausstäuben und das überschüssige Mehl herausklopfen.

Die Kirschen entsteinen und mit den Maraschino- oder Cocktailkirschen im Mixer pürieren. Butter und Zucker mit dem Handrührgerät oder dem Schneebesen cremig aufschlagen. Nach und nach die Eier, den Mandelextrakt und das Salz unterrühren. Die Hälfte des Mehls und des Backpulvers und danach die Milch dazugeben. Das restliche Mehl und das restliche Backpulver vorsichtig mit einem Metalllöffel unterheben und zum Schluss die gemahlenen Mandeln untermischen.

Ein Drittel des Teigs in die Form füllen, ein Drittel des Kirschpürees gleichmäßig darauf verstreichen und leicht in den Teig einarbeiten. Den Vorgang noch zweimal wiederholen und den Kuchen 50–60 Minuten backen. 15 Minuten in der Form abkühlen lassen, dann aus der Form lösen und zum Auskühlen auf ein Kuchengitter setzen.

Inzwischen die Mandelblättchen auf ein Backblech streuen, im Backofen 3–4 Minuten goldbraun rösten und abkühlen lassen. Den Puderzucker in eine Schüssel sieben und so viel Amaretto unterrühren, dass ein dicker Guss entsteht. Den Kuchen damit beträufeln und mit den gerösteten Mandelblättchen bestreuen.

MEIN LIEBLINGSZITRONENKUCHEN

Weil ich so leidenschaftlich gerne backe, werde ich oft nach meinem Lieblingsrezept gefragt. Leider kann mich nicht zwischen einem klassischen Zitronenkuchen und einem Mohnkuchen entscheiden, deshalb musste ich beides kombinieren. Zugegeben, er sieht nicht gerade spektakulär aus, aber ich liebe ihn und für einen Kaffeeklatsch mit Freundinnen gibt es keinen besseren.

FÜR 8–10 PERSONEN

–

200 g zimmerwarme Butter, plus Butter für die Form

2 gehäufte EL Mohnsamen

2 EL Milch

400 g Rohrohrzucker

abgeriebene Schale und Saft von 3 Bio-Zitronen *(oder anderen Zitrusfrüchten – ich ersetze während der Saison gerne einen Teil der Zitronen durch Blutorange oder Bergamotte)*

½ Vanilleschote, der Länge nach aufgeschlitzt und das Mark herausgekratzt

4 große Eier

200 g Mehl

2 gestrichene TL Backpulver

Den Backofen auf 170 °C vorheizen. Eine Kastenform mit 1 Liter Fassungsvermögen mit Butter einfetten und mit Backpapier auskleiden.

In einer kleinen Schüssel den Mohn mit der Milch verrühren.

Die Butter einige Minuten in der Küchenmaschine oder mit dem Handrührgerät aufschlagen. 200 g Zucker hinzufügen und das Ganze 2–3 Minuten cremig rühren. Zum Schluss die Zitronenschale und das Vanillemark dazugeben.

Die Eier einzeln unterrühren. Das Mehl mit dem Backpulver darübersieben und mit einem großen Löffel aus Metall vorsichtig unterheben. Dabei darauf achten, dass der Teig schön luftig bleibt. Die Mohnmilch unterrühren und den Teig in die Form füllen. Mit 30 g Zucker bestreuen und 45–50 Minuten goldbraun backen.

Inzwischen in einem kleinen Topf den Zitronensaft mit dem restlichen Zucker verrühren. Bei mittlerer Hitze aufkochen und 4–5 Minuten kochen lassen, bis sich der Zucker aufgelöst hat und ein dicker Sirup entstanden ist. Den Sirup anschließend abkühlen lassen.

Den fertigen Kuchen 5 Minuten in der Form abkühlen lassen, dann aus der Form lösen und auf ein Kuchengitter setzen. Die Oberfläche in regelmäßigen Abständen mit einem Spieß einstechen und den erkalteten Sirup darüberträufeln. Den Kuchen vor dem Servieren vollständig auskühlen lassen.

APFEL-BIRNEN-PIE MIT HASELNUSSKROKANT UND BOURBON

Eine Pie ist genau das Richtige, wenn man beim Backen keinen großen Aufwand treiben möchte. Und sie eignet sich auch hervorragend als Mitbringsel – denn wer kann dazu schon Nein sagen? Zu diesem Wunderwerk mit dem knusprigen Krokant schon gar nicht. Und machen Sie sich keine Gedanken wegen des Whiskys – er wird gebraucht, um dem Ganzen eine köstliche Karamellnote zu verleihen, aber der Alkohol verfliegt beim Backen.

FÜR 8 PERSONEN

–

100 g Haselnusskerne

250 g kalte Butter, plus Butter für die Form

440 g Mehl, plus Mehl zum Bestäuben

50 g Puderzucker

1 großes Ei

75 ml Bourbon oder Whisky

1 kräftige Prise Meersalz

750 g Kochäpfel *(z. B. Boskop oder Renette)*

300 g feste Birnen

Saft von ½ Zitrone

125 g Kristallzucker

125 g Demerarazucker

1 TL Zimt

½ TL Lebkuchengewürz

1 frisches Lorbeerblatt

75 ml Milch

selbst gemachte Vanillesauce *(siehe Seite 245)* oder Eiscreme zum Servieren

60 g Haselnüsse in der Küchenmaschine fein zerkleinern. 200 g Butter in Würfel schneiden. 400 g Mehl mit den gemahlenen Haselnüssen und dem Puderzucker in eine große Schüssel sieben und die Butter mit den Fingern einarbeiten, bis feine Krümel entstehen. Das Ei mit 50 ml Bourbon und Salz verrühren und bis auf einen kleinen Rest rasch unter den Teig kneten, bis er sich zu einer Kugel formt. Mit Mehl bestäuben, in Frischhaltefolie wickeln und 1 Stunde im Kühlschrank ruhen lassen.

Den Backofen auf 180 °C vorheizen. Die Äpfel und Birnen schälen, vom Kerngehäuse befreien und in etwa 2,5 cm große Stücke schneiden. In eine große Schüssel füllen und mit dem Zitronensaft vermischen.

In einer zweiten Schüssel 50 g Kristallzucker mit dem Demerarazucker, dem restlichen Mehl, Zimt und Lebkuchengewürz mischen.

Die restlichen Haselnüsse auf ein Backblech streuen und 6–8 Minuten im Ofen goldbraun rösten. Anschließend herausnehmen (den Ofen aber nicht ausschalten), abkühlen lassen und grob hacken. Eine Pie-Form (26 cm) mit Butter einfetten.

Den Teig in zwei Portionen teilen, von denen eine etwas größer sein sollte. Die größere Portion auf der leicht bemehlten Arbeitsfläche 0,5 cm dick ausrollen und die Form damit auskleiden. Die Früchte mit der Zuckermischung und dem Lorbeerblatt vermengen, in die Form füllen und den Teigrand mit etwas Milch bepinseln. Das zweite Teigstück 1 cm dick ausrollen und auf die Früchte legen. Überschüssigen Teig abschneiden und die Teigränder rundherum gut mit den Fingern zusammendrücken. Einen Schlitz in den Deckel ritzen. »

« (Alternativ kann man aus dem Teig auch Motive ausstechen und auf der Pie verteilen.) Die Oberfläche mit der restlichen Bourbonmischung bepinseln. Die Pie mit Alufolie abdecken und die Form auf den Boden des Backofens stellen. Die Pie 30 Minuten backen, dann die Folie abnehmen und die Pie weitere 35–40 Minuten backen, bis die Oberfläche goldbraun ist.

Inzwischen den Krokant herstellen. Dazu die restliche Butter in einem kleinen Topf mit dem restlichen Kristallzucker und dem restlichen Bourbon langsam zum Kochen bringen und 6–8 Minuten bei mittlerer Hitze kochen lassen, bis ein goldgelber Karamell entstanden ist. Dabei nicht umrühren, sondern den Topf lediglich schwenken, damit der Zucker nicht auskristallisiert. Die fertige Pie mit dem Karamell beträufeln und die gehackten Haselnüsse darüberstreuen. Die Pie mindestens 30 Minuten abkühlen lassen, damit die Füllung etwas eindicken kann. Mit Vanillesauce oder Eiscreme servieren.

SCHICHTTORTE »ENGLISCHER SOMMER«

England im Sommer – für mich sind das Krüge mit Pimm's-Cocktail im Sonnenschein, ein Liegestuhl, die Championships in Wimbledon und große Schüsseln voller Eton Mess. Das habe ich versucht, in dieser Torte einzufangen. Man kann damit viele Gäste glücklich machen.

ERGIBT 10–12 STÜCKE

–

150 g Butter, plus Butter für die Form

490 g Zucker

5 große Eier, getrennt

abgeriebene Schale von 1 Bio-Orange

abgeriebene Schale von 1 Bio-Zitrone

150 g Mehl

2 TL Backpulver

2–3 EL Milch

700 g Erdbeeren

125 ml Pimm's *(ersatzweise Campari)*, plus etwas Pimm's zum Bestreichen

200 g Sahne

1 Vanilleschote

200 g fettarmer griechischer Joghurt

Puderzucker zum Bestäuben

frische Minzeblätter oder essbare Blüten zum Dekorieren *(nach Belieben)*

Den Backofen auf 180 °C vorheizen. Zwei runde Kuchenformen (20 cm Ø) mit Butter einfetten und mit Backpapier auskleiden.

Die Butter in der Küchenmaschine oder mit dem Handrührgerät mit 150 g Zucker cremig aufschlagen. Dann nacheinander die Eigelbe und die Zitrusschale unterrühren. Das Mehl und das Backpulver unterheben und so viel Milch hinzufügen, dass ein glatter, cremiger Teig entsteht. Den Teig gleichmäßig auf die vorbereiteten Formen verteilen, glatt streichen und 25 Minuten goldbraun backen. Die fertigen Böden 5 Minuten in der Form abkühlen lassen, herausnehmen und zum Auskühlen auf ein Kuchengitter legen.

Die Backofentemperatur auf 150 °C herunterschalten. Die Eiweiße in einer sauberen Schüssel schlagen, bis sich weiche Spitzen bilden. Langsam 250 g Zucker einrieseln lassen und noch etwa 6 Minuten weiterschlagen, bis eine feste, glänzende Baisermasse entstanden ist.

Zwei Stücke Backpapier in der Größe des Backblechs zuschneiden, die Kuchenformen daraufstellen und mit einem Stift umfahren. Das Backpapier umdrehen und zwei Backbleche damit auslegen. Das Papier am Rand mit etwas Eischnee festkleben. Die beiden vorgezeichneten Kreise (die durch das Papier durchscheinen sollten) bis knapp zum Rand mit dem Eischnee ausfüllen (der Eischnee verläuft beim Backen noch etwas). Die Baisermasse in einem Kreis glatt streichen und im anderen – der als Deckel dient – mit dem Rücken eines Löffels kleine Spitzen hineinarbeiten. Das Baiser etwa 70 Minuten backen (dabei darauf achten, dass es nicht zu trocken wird) und danach auf dem Blech abkühlen lassen. »

« Inzwischen für die Füllung 500 g Erdbeeren entstielen und klein schneiden. Mit dem Pimm's und dem restlichen Zucker in einem kleinen Topf zum Kochen bringen, die Temperatur etwas reduzieren und die Erdbeeren 8–10 Minuten köcheln lassen. Die restlichen Erdbeeren entstielen, vierteln und in Scheiben schneiden.

Die Sahne schlagen, bis sie weiche Spitzen bildet. Die Vanilleschote aufschlitzen, das Mark herauskratzen und mit dem Joghurt unterziehen. Einen Tortenboden auf eine Kuchenplatte legen, mit 1 Esslöffel Pimm's bepinseln, die Hälfte des Erdbeerkompotts darauf verteilen und die Baiserscheibe mit der glatten Oberfläche auflegen. Die Vanillesahne bis auf einen kleinen Rest darauf verstreichen und mit dem größten Teil der Erdbeerscheiben belegen. Den zweiten Tortenboden auflegen, ebenfalls mit 1 Löffel Pimm's bepinseln, das restliche Kompott bis auf einen kleinen Rest darauf verteilen und die zweite Baiserscheibe auflegen.

Die Torte mit der restlichen Vanillesahne, dem restlichen Erdbeerkompott und den restlichen Erdbeerscheiben verzieren. Mit Puderzucker bestäuben und nach Belieben mit Minzeblättern oder essbaren Blüten dekorieren.

BANANENKUCHEN MIT ERDNUSSBUTTER-FROSTING

Diesen Kuchen habe ich ursprünglich als Geschenk für meinen Zahnarzt kreiert, und in der Praxis war er war schon bald in aller Munde – und das hatte nichts mit dem Zuckergehalt zu tun ... Auch meine Familie, die nicht so leicht zufriedenzustellen ist, zeigte sich begeistert. Abgesehen davon, dass er ausgesprochen lecker schmeckt, hat dieser Kuchen noch einen großen Vorzug: Er bleibt lange schön saftig.

FÜR 10–12 PERSONEN

–

150 ml Olivenöl *(oder ein anderes geschmacksneutrales Öl)*, plus Öl für die Form

2 große Eier

75 g Naturjoghurt

4 große oder 5 mittelgroße sehr reife Bananen

1 Spritzer Zitronensaft

1½ Päckchen Vanillezucker

100 g dunkler Muscovadozucker

60 g Kristallzucker

3 EL Milch

225 g Vollkorn- oder Weizenmehl

1 TL Backpulver

1 TL Backnatron

1 kräftige Prise feines Meersalz

125 g zimmerwarme Butter

125 g glatte Erdnussbutter *(sehr gut eignet sich auch Mandelmus)*

250 g Puderzucker

3 EL Ahornsirup

Den Backofen auf 180 °C vorheizen. Eine Kastenform mit 1 Liter Fassungsvermögen fetten und mit Backpapier auskleiden.

In einer großen Rührschüssel das Öl mit Eiern und Joghurt verrühren. In einer zweiten Schüssel die Bananen mit dem Zitronensaft zerdrücken. Vanillezucker, Muscovado- und Kristallzucker untermengen und das Ganze mit 2 EL Milch sowie der Eiermischung verrühren. Das Mehl mit Backpulver, Backnatron und Salz darübersieben, mit einem großen Löffel aus Metall unterheben und den Teig in die vorbereitete Form füllen.

Den Kuchen etwa 50 Minuten auf der mittleren Schiene des Backofens backen, dann für die Garprobe mit einem Spieß in die Mitte des Kuchens stechen. Beim Herausziehen darf noch etwas Teig an dem Spieß haften. Sollte es aber allzu viel sein, den Kuchen für weitere 10 Minuten zurück in den Ofen schieben.

Den fertigen Kuchen etwa 10 Minuten in der Form abkühlen lassen, dann herausnehmen und auf ein Kuchengitter setzen.

Inzwischen die Butter und die Erdnussbutter in der Küchenmaschine oder mit dem Handrührgerät einige Minuten cremig aufschlagen. Den Puderzucker darübersieben, 25 ml Milch hinzufügen und das Ganze weitere 5 Minuten schlagen, bis eine helle, glatte Masse entstanden ist. Ist sie zu dick, den restlichen EL Milch unterrühren. Zum Schluss 2 Esslöffel Ahornsirup unterziehen.

Den ausgekühlten Kuchen mit dem Frosting bestreichen, mit dem restlichen Ahornsirup beträufeln und servieren.

KÜRBISKUCHEN MIT INGWER-FROSTING

Wer einen guten Möhrenkuchen zu schätzen weiß, wird auch diese Variante mit Kürbis lieben – Joghurt und Kürbispüree machen den Teig wunderbar saftig, und dennoch behält er dabei eine schöne lockere Konsistenz.

ERGIBT 16 STÜCKE

–

4 große Eier

250 ml Olivenöl

100 g Naturjoghurt

1 Päckchen Vanillezucker

250 g Kristallzucker

150 g Demerarazucker

300 g püriertes Kürbisfruchtfleisch *(siehe Seite 216)*

475 g Mehl

2 gehäufte TL Zimt

1 TL Lebkuchengewürz

2 TL Backpulver

1 TL Backnatron

1 Prise Meersalz

Spiced Rum zum Bestreichen

FÜR DAS FROSTING

–

40 g Kürbiskerne

500 g Puderzucker

250 g zimmerwarme Butter

200 g Frischkäse

3 Stückchen eingelegter Ingwer

Den Backofen auf 180 °C vorheizen. Zwei Springformen (20 cm Ø) einfetten und die Böden mit Backpapier auslegen.

In einer großen Rührschüssel die Eier mit Olivenöl, Joghurt, Vanillezucker, Kristallzucker, Demerarazucker und dem Kürbispüree zu einer glatten Masse verrühren. Das Mehl mit Zimt, Lebkuchengewürz, Backpulver, Backnatron und Salz in eine zweite Schüssel sieben und die Kürbismischung unterheben. Den Teig gleichmäßig auf die beiden Formen verteilen und etwa 45 Minuten auf der mittleren Schiene des Backofens backen, dann ein Garprobe machen: die Mitte des Kuchens mit einem Spieß einstechen. Wenn er sauber wieder herauskommt, ist der Kuchen fertig. Andernfalls noch einmal für 5–10 Minuten in den Ofen schieben. Die beiden Böden anschließend 5 Minuten in der Form abkühlen lassen, dann herausnehmen und auf einem Kuchengitter vollständig auskühlen lassen.

Solange der Ofen noch warm ist, die Kürbiskerne für das Frosting karamellisieren: Die Kerne in einem Sieb unter fließendem Wasser abspülen und mit 1 gehäuften Esslöffel Puderzucker mischen, bis sie damit überzogen sind. Auf ein mit Backpapier ausgelegtes Blech streuen und 10 Minuten im Backofen karamellisieren lassen. Zum Abkühlen beiseitestellen.

Während die Böden auskühlen, die Butter für das Frosting in Würfel schneiden und in der Küchenmaschine oder mit dem Handrührgerät 3–4 Minuten cremig aufschlagen, dann den Frischkäse kurz unterrühren (keinesfalls zu lange rühren, sonst wird er flüssig). Die Hälfte des restlichen Puderzuckers darübersieben und unterziehen. Den restlichen Puderzucker darübersieben und ebenfalls untermischen. Das Ganze noch etwa 4 Minuten weiterschlagen, bis eine helle, glatte Masse entstanden ist. Den Ingwer fein hacken und mit etwas Sirup aus dem Glas unterheben. Das Frosting anschließend für 30 Minuten in den Kühlschrank stellen, damit es fest wird. »

« Die vollständig ausgekühlten Böden vorsichtig waagerecht halbieren, mit etwas Rum bepinseln, dann mit dem Frosting bestreichen und aufeinandersetzen. Den Kuchen rundherum mit dem restlichen Frosting einstreichen, mit den karamellisierten Kürbiskernen verzieren und vor dem Servieren für mindestens 30 Minuten in den Kühlschrank stellen, damit das Frosting fest wird.

KÜRBISPÜREE HERSTELLEN

Etwa 400 g Kürbisfruchtfleisch in Stücke schneiden und in Wasser weich kochen. Anschließend abgießen und abkühlen lassen, dann in der Küchenmaschine pürieren. Dabei etwas Wasser hinzufügen, falls nötig.

SAHNIGER MILCHREIS MIT BACKPFLAUMENPÜREE

Milchreis mit eingemachten Früchten – wer hat das als Kind nicht geliebt? An die Stelle des süßen Kompotts sind hier allerdings mit Lorbeerblatt, Rosmarin und Sherry pochierte Backpflaumen getreten, die nach dem Kochen püriert werden. Ein Verwöhnprogramm für Erwachsene.

FÜR 6 PERSONEN

–

100 g entsteinte Backpflaumen

1 frisches Lorbeerblatt

1 Zweig Rosmarin

6 cl Oloroso-Sherry

4 EL Demerarazucker

abgeriebene Schale und Saft von 1 Bio-Orange

1 l Milch

175 g Rundkornreis

1 kräftige Prise Meersalz

150 g Sahne

Die Backpflaumen mit Lorbeerblatt, Rosmarin, Sherry, 2 Esslöffeln Demerarazucker und 2 Esslöffeln Wasser bei mittlerer Hitze in einen kleinen Topf geben und alles zum Kochen bringen. Die Temperatur sofort verringern und die Pflaumen 5 Minuten köcheln lassen. Vom Herd nehmen und zum Abkühlen beiseitestellen.

Die erkalteten Pflaumen mit ihrem Sirup und dem Orangensaft in der Küchenmaschine zu einem glatten, relativ dicken Püree verarbeiten. Ist es zu dick, noch etwas Wasser hinzufügen. Sie können aber auch auf das Pürieren verzichten (so mag meine Mutter die Pflaumen am liebsten).

In einem großen Topf die Milch mit dem Reis bei mittlerer bis starker Hitze zum Kochen bringen. Einmal gut umrühren, den Deckel auflegen, die Wärmezufuhr verringern und den Reis bei schwacher Hitze 20 Minuten köcheln lassen. Dabei gelegentlich umrühren. Den Deckel anschließend abnehmen und den Reis unter Rühren noch 5 Minuten weitergaren, bis er eine cremige Konsistenz angenommen hat. Das Salz, den restlichen Zucker und die Sahne einrühren und den Topf vom Herd nehmen.

Den Milchreis auf sechs Schalen verteilen und das Pflaumenpüree kurz einrühren. Mit Orangenschale bestreuen und servieren.

TARTE MIT HIMBEEREN UND SCHOKOLADENCREME

Auch hier habe ich in Kindheitserinnerungen geschwelgt. In diesem Fall spielten Malted Biscuits, heiße Schokolade und selbst gebackener Kuchen mit Marmeladenfüllung die tragenden Rollen. Ein bisschen Zeit und Geduld muss man schon mitbringen für diese Tarte, aber die Mühe lohnt sich. Mit ein paar frischen Beeren, Crème fraîche und einem Süßwein ist sie ein glanzvolles Dessert. Für mich verlangt dieser Kuchen jedoch eher nach einem Glas Milch und einer warmen Decke.

ERGIBT 16 STÜCKE

–

125 g kalte Butter, plus Butter für die Form

250 g Mehl, plus Mehl zum Bestäuben

40 g Puderzucker

3 EL Ovomaltine

2 große Eier + 1 großes Eigelb

200 ml Milch

200 g Himbeeren oder Brombeeren, plus Himbeeren zum Servieren

75 g Zucker

400 g Sahne

400 g Vollmilchschokolade, plus Schokoladenraspel zum Servieren

1 kräftige Prise Meersalz

Die Butter in Würfel schneiden. Das Mehl mit dem Puderzucker und 1 Esslöffel Ovomaltine in eine große Schüssel sieben und die Butter mit den Fingern einarbeiten, bis feine Krümel entstanden sind. Das Eigelb mit etwas Milch verquirlen und kurz unterkneten. Den Teig mit Mehl bestäuben, in Frischhaltefolie verpacken und 30 Minuten im Kühlschrank ruhen lassen.

Eine Tarteform (25 cm Ø) mit herausnehmbarem Boden buttern. Den Teig auf der bemehlten Arbeitsfläche 0,5 cm dick ausrollen. Lose um das Nudelholz wickeln und in die vorbereitete Form gleiten lassen. Gut andrücken und überstehenden Teig abschneiden. Die Teigreste in Frischhaltefolie verpacken und für später aufheben (unter Umständen brauchen Sie die Reste, um nach dem Blindbacken Risse zu schließen). Den Boden mehrfach mit einer Gabel einstechen, mit Frischhaltefolie abdecken und nochmals für 30 Minuten in den Kühlschrank stellen.

Inzwischen den Backofen auf 180 °C vorheizen und das Himbeerkompott zubereiten: Dazu 150 g Himbeeren in einen kleinen Topf geben, den Zucker einrühren und die Beeren zerdrücken. Bei schwacher bis mittlerer Hitze zum Köcheln bringen und 6–8 Minuten garen, bis die Konsistenz einer Konfitüre gleicht. Vom Herd nehmen und vollständig abkühlen lassen.

Den Mürbeteigboden mit einem Stück Backpapier abdecken, mit Backgewichten oder ungekochtem Reis beschweren und 12 Minuten blindbacken. Das Papier und die Backgewichte anschließend entfernen und den Boden weitere 8–10 Minuten goldgelb backen. Aus dem Ofen nehmen und die Temperatur auf 150 °C herunterschalten.

In der Zwischenzeit die Sahne mit 150 ml Milch langsam in einem kleinen Topf bis kurz vor dem Siedepunkt erhitzen. Die Schokolade hacken und in eine große Rührschüssel füllen. Die fast kochende Flüssigkeit über die Schokolade gießen. Das Salz hinzufügen, die Creme 1 Minute ruhen lassen und danach vorsichtig glatt rühren. Die Eier mit dem Schneebesen verquirlen und mit der restlichen Ovomaltine unter die Schokoladencreme rühren.

Die Tarteform auf ein Backblech stellen, die erkaltete Himbeerkonfitüre gleichmäßig auf dem Boden verstreichen. Die Schokoladencreme darauf verteilen und mit den restlichen Himbeeren bestreuen. Die Tarte für 45–50 Minuten in den Backofen schieben, bis die Creme gerade gestockt ist. Die fertige Tarte in der Form abkühlen lassen, anschließend aus der Form nehmen, auf eine Servierplatte setzen und mit Himbeeren und Schokoladenraspeln verzieren.

NEKTARINEN-GRANITA MIT KAMILLE UND HONIG

Reife, aromatische Nektarinen, gesüßt mit Honig, dazu beruhigende Kamille – eine unschlagbare Kombination, wie ich finde. Sollten Sie im Besitz einer Eismaschine sein, können Sie die Mischung auch darin gefrieren lassen. Dann bekommen sie statt einer Granita ein köstlich cremiges Sorbet.

FÜR 6 PERSONEN

–

4 Beutel Kamillentee

100 g Honig

Saft von ½ Zitrone

750 g Nektarinen

In einem kleinen Topf den Kamillentee mit 350 ml Wasser langsam erhitzen. Sobald das Wasser aufkocht, den Topf vom Herd nehmen und den Tee 10 Minuten ziehen lassen. Die Teebeutel herausnehmen und den Honig einrühren. Den Tee erneut erhitzen, 1 Minute kochen und anschließend vollständig abkühlen lassen.

Den erkalteten Kamillensirup mit dem Zitronensaft in die Küchenmaschine gießen. Die Nektarinen entsteinen, grob hacken und zum Sirup geben. Das Ganze zu einem glatten Püree verarbeiten, in eine Gefrierdose füllen und 3–4 Stunden ins Tiefkühlfach stellen. Die Granita danach mit einer Gabel durchrühren, um die Eiskristalle aufzubrechen, und für weitere 1–2 Stunden tiefkühlen.

Die Granita unmittelbar vor dem Servieren herausnehmen und mit einer Gabel in Gläser oder Dessertschalen schaben.

FESTLICHE SCHOKOLADENTORTE MIT BUTTERCREME UND PEKANNUSSKROKANT

Ein Rezept für einen richtig guten Schokoladenkuchen kann man immer brauchen, und das ist meine aktuelle Nummer eins. Der Teig ist im Nu zusammengerührt, und die Kombination aus gemahlenen Pekannüssen und Roggenmehl verleiht ihm eine angenehm nussige Note. Und optisch macht diese imposante Torte auch noch etwas her.

ERGIBT 16–20 STÜCKE

–

600 g Butter, plus Butter für die Form

150 g Pekannusskerne

125 g Zartbitterschokolade *(70 % Kakaoanteil)*

185 g Demerarazucker

225 g Kristallzucker

Meersalz

5 große Eier

1 Päckchen Vanillezucker

150 g Weizenvollkornmehl

100 g Roggenmehl

2 gehäufte TL Backpulver

½ TL Backnatron

500 g Puderzucker

etwas Milch

1 Rezept Meersalzkaramell *(siehe Seite 246)*

essbarer Goldstaub oder Blattgold *(nach Belieben)*

Eine hohe Springform (20 cm Ø) mit Butter einfetten und den Boden mit Backpapier auslegen. Den Backofen auf 180 °C vorheizen.

75 g Pekannüsse in der Küchenmaschine fein zerkleinern.

125 ml Wasser bei niedriger Temperatur in einem großen Topf erhitzen. 250 g Butter, die in Stücke gebrochene Schokolade, den Demerarazucker, 75 g Kristallzucker und 1 kräftige Prise Salz hinzufügen. Die Schokolade bei schwacher Hitze schmelzen lassen und glatt rühren. Vom Herd nehmen, 10 Minuten abkühlen lassen und danach die Eier, den Vanillezucker und die zerkleinerten Nüsse einrühren.

In einer großen Rührschüssel beide Mehlsorten mit Backpulver und Natron mischen. Die heiße Schokoladenmischung langsam angießen und dabei ohne Pause mit dem Schneebesen rühren, bis ein glatter Teig entstanden ist. Den Teig in die Form füllen und 55–60 Minuten backen. 5 Minuten in der Form abkühlen lassen, dann herauslösen und auf ein Kuchengitter setzen.

Den ausgekühlten Boden zweimal waagerecht durchschneiden, sodass Sie drei gleich dicke Scheiben erhalten. Die Scheiben, falls nötig, begradigen und die Abschnitte zum Dekorieren aufheben.

Für den Pekannusskrokant den restlichen Zucker gleichmäßig in einer großen Pfanne verteilen und bei schwacher bis mittlerer Hitze schmelzen lassen. Dabei nicht umrühren (sonst kristallisiert der Zucker aus), sondern die Pfanne nur von Zeit zu Zeit schwenken. Ein Backblech mit Backpapier auslegen. Sobald der Zucker karamellisiert ist, die restlichen Nüsse hinzufügen, den Karamell sofort auf das Backpapier gießen und abkühlen lassen. »

« Für die Buttercreme die restliche Butter in der Küchenmaschine oder mit dem Handrührgerät cremig aufschlagen. Die Hälfte des Puderzuckers darübersieben und das Ganze glatt rühren. Den Vorgang noch einmal mit dem restlichen Puderzucker wiederholen. Die Mischung danach noch 5 Minuten weiterschlagen, bis eine helle Creme entstanden ist. Zum Schluss 1 Schuss Milch und ein Drittel des Meersalzkaramells unterrühren.

Etwas Buttercreme auf eine Tortenplatte geben und einen Biskuitboden darauflegen (so kann er nicht wegrutschen). Mit einem Spatel ein Viertel der Buttercreme gleichmäßig auf dem Boden verstreichen, mit etwas Meersalzkaramell beträufeln und den zweiten Boden auflegen. Den Vorgang wiederholen und den dritten Boden darauflegen.

Mit der restlichen Buttercreme können Sie den Kuchen überziehen. Einen besonders raffinierten Effekt erzielen Sie, wenn Sie zunächst die Oberfläche und die Seiten nur dünn überziehen und die überschüssige Creme mit einer Palette abkratzen, sodass die Cremeschicht nur gerade dick genug ist, um lose Krümel zu fixieren. Auf diese Weise bekommt die Torte eine besonders ebenmäßige Form. Den Kuchen dann für 30–40 Minuten in den Kühlschrank stellen, damit die Creme fest wird, und danach noch eine zweite Cremeschicht auftragen.

Die Torte zum Schluss mit dem restlichen Meersalzkaramell beträufeln, den man nach Belieben mit einer Palette leicht in die Creme einarbeiten kann. Den Pekannusskrokant in Stücke brechen und die Torte damit verzieren. Und wer dann noch eins draufsetzen möchte, überzieht die karamellisierten Pekannüsse mit etwas essbarem Goldstaub oder Blattgold.

ROAD
No.
GIN

EIN GANZ BESONDERES BROT

Brotbacken hat geradezu etwas Therapeutisches - beim Teigkneten kann man wunderbar Stress abbauen und negative Gedanken verscheuchen. Es gibt zwar Unmengen an Rezepten, die ich Ihnen geben könnte, aber dieses eine liegt mir besonders am Herzen. Lassen Sie sich bitte nicht von der relativ umfangreichen Zutatenliste abschrecken - dieses würzige dunkle Brot ist jede Zeit und Mühe wert. Und nichts passt besser zu dem gebeizten Lachs von Seite 40.

ERGIBT 1 GROSSEN LAIB

–

1 Päckchen (7 g) Trockenhefe

½ TL Zucker

2 EL Melasse

40 g Butter

1 Schnapsglas Espresso

15 g Zartbitterschokolade *(70 % Kakaoanteil)*

½ Schalotte

½ EL Fenchelsamen

200 g Weizenvollkornmehl

250 g Weizenmehl Type 550

200 g Roggenmehl

70 g Kleie

1 EL Meersalz

2 EL Apfelessig

Olivenöl zum Einfetten

Die Hefe und den Zucker in einer Tasse mit 100 ml lauwarmem Wasser auflösen und 5–10 Minuten ruhen lassen, bis sie zu schäumen beginnt.

Die Melasse mit Butter, Espresso, Schokolade und 200 ml Wasser in einem Topf erhitzen, bis die Butter und die Schokolade geschmolzen sind. Die Schalotte schälen und fein hacken. Die Fenchelsamen fein mahlen.

Zum Kneten des Teigs können Sie das elektrische Rührgerät (mit Knethaken) nehmen, Sie können es aber auch von Hand machen. (Ich ziehe Letzteres vor, weil man so die Konsistenz des Teigs besser beurteilen kann.) Das gesamte Mehl in einer großen Rührschüssel mischen. Ein Drittel der Mehlmischung abnehmen und zur Seite stellen. Den Rest mit Kleie, Schalotte, Fenchel und Salz vermengen. Die Schokoladenmischung, die Hefe und den Essig hinzufügen und die Zutaten 3–5 Minuten auf mittlerer Stufe zu einem glatten Teig verarbeiten. Oder Sie machen das mit einem Rührlöffel von Hand, dann dauert es etwas länger.

Das Handrührgerät herunterschalten und nach und nach die restliche Mehlmischung unterrühren, bis ein etwas klebriger, fester Teig entstanden ist. Möglicherweise benötigen Sie nicht das ganze restliche Mehl. Achten Sie einfach darauf, wie sich der Teig anfühlt. Den Teig anschließend etwa 10 Minuten auf der leicht bemehlten Arbeitsfläche durchkneten, bis er sich elastisch anfühlt. Zu einer Kugel formen und in eine leicht mit Olivenöl eingefettete Schüssel legen. Mit einem angefeuchteten Geschirrtuch abdecken und etwa 2 Stunden an einem warmen Platz gehen lassen, bis der Teig sein Volumen verdoppelt hat. »

« Den Teig anschließend nochmals einige Minuten auf der leicht bemehlten Arbeitsfläche durchkneten, dann zu einem runden Laib formen und auf ein leicht gefettetes Backblech oder in einen mit Mehl ausgestäubten Gärkorb legen. Mit einem feuchten Geschirrtuch abdecken und nochmals einige Stunden gehen lassen.

Den Backofen auf 180 °C vorheizen. Wenn Sie einen Gärkorb verwenden, das Brot aus dem Korb nehmen und auf das Blech legen. Das Blech für 50–60 Minuten in den Ofen schieben, bis das Brot schön braun und durchgebacken ist. Um zu prüfen, ob es fertig ist, gegen den Boden klopfen. Es muss dann hohl klingen. Mit guter Butter – oder was immer Sie mögen – servieren. Ich esse es am liebstem mit gebeiztem Lachs.

HEFEBRÖTCHEN MIT KÜMMEL, HONIG UND BUTTERMILCH

In meiner Kindheit bekamen wir von meiner Mutter nach der Schule manchmal kleine Brioches mit Erdbeerkonfitüre zur Belohnung. Das buttrige Hefegebäck und die süße Marmelade waren für mich das Höchste ... Zwanzig Jahre später kam mir schließlich die Idee zu diesen Hefebrötchen mit Kümmel und Honig, die man sowohl mit süßen wie pikanten Belägen genießen kann. Und wenn man mal einen schlechten Tag hat, ist das Teigkneten genau die richtige Medizin. Besser als jede Yogastunde, und preiswerter sowieso.

ERGIBT 15 STÜCK

–

3 EL Honig

1 Päckchen *(7g)* Trockenhefe

60 g Butter

½ EL Kümmelsamen

400 g Mehl Type 550

1 TL Meersalz

250 ml Buttermilch

Olivenöl zum Einfetten

1 Eigelb

Den Honig und die Hefe in 75 ml warmes Wasser einrühren und 5 Minuten ruhen lassen. Die Butter in einem kleinen Topf zerlassen. Den Kümmel im Mörser leicht zerstoßen.

In einer großen Rührschüssel das Mehl mit Kümmel und Salz mischen. In der Mitte eine Mulde hineindrücken, Hefe, Butter und Buttermilch hineingießen und mit einer Gabel in das Mehl einarbeiten. Den Teig anschließend 10 Minuten auf der gut bemehlten Arbeitsfläche durchkneten, bis er glatt und elastisch ist. Dabei nicht zu viel Mehl hinzufügen – der Teig soll leicht feucht bleiben. Den Teig zu einer Kugel formen, in eine mit Olivenöl eingefettete Schüssel legen, mit einem Geschirrtuch abdecken und 1–1 ½ Stunden an einem warmen, vor Zugluft geschützten Platz gehen lassen, bis er sein Volumen verdoppelt hat.

Den Teig nochmals einige Minuten durchkneten. Ausrollen und in 15 gleich große Stücke teilen. Diese zu Kugeln formen und mit reichlich Abstand auf ein mit Backpapier bedecktes Backblech (25 x 35 cm) legen. Mit einem Geschirrtuch abdecken und die Brötchen nochmals 1–1 ½ Stunden gehen lassen, bis sie ihr Volumen verdoppelt haben. Den Backofen auf 180 °C vorheizen.

Das Eigelb mit etwas Wasser verquirlen, die Brötchen damit bepinseln und 18–20 Minuten goldbraun backen. Um zu prüfen, ob sie durchgebacken sind, auf die Unterseite klopfen. Wenn ein hohles Geräusch zu hören ist, sind die Brötchen fertig. Vor dem Servieren auf einem Kuchengitter auskühlen lassen.

CHAI-EIS MIT CASHEWKROKANT

Wie der Name schon vermuten lässt, hat bei diesem Rezept der indische Chai Pate gestanden, der mit Gewürzen und Milch zubereitet wird. Wenn man wie ich nicht über eine Eismaschine verfügt, ist gezuckerte Kondensmilch ideal als Basis für Eis. Sie können sie selbst herstellen – was etwas Geduld erfordert – oder Sie nehmen einfach eine Dose. Dann ist das Eis sogar in weniger als einer halben Stunde fertig.

ERGIBT 1 LITER

–

1¼ l Vollmilch *(oder 340 ml gezuckerte Kondensmilch)*

300 g Rohrohrzucker

10 grüne Kardamomkapseln

4 Beutel Chai-Tee

1 Zimtstange

¼ TL gemahlener Ingwer

6 Gewürznelken

1 Prise schwarzer Pfeffer

500 g Sahne

FÜR DEN CASHEWKROKANT

–

200 g Zucker

100 g Cashewkerne

1 gehäufter EL schwarze oder weiße Sesamsamen

Meersalz

Blattgold *(nach Belieben)*

In einem großen Topf mit schwerem Boden 1 Liter Milch bei schwacher bis mittlerer Hitze mit dem Zucker 2 Stunden kochen. Dabei alle 5–10 Minuten umrühren, damit nichts ansetzt. Sobald die Milch um die Hälfte eingekocht und eingedickt ist, den Topf vom Herd nehmen, mit einem Geschirrtuch abdecken und die Milch abkühlen lassen. (Dieser Schritt entfällt, wenn Sie gezuckerte Kondensmilch aus der Dose nehmen.)

Inzwischen die Kardamomkapseln zerdrücken und mit 2 Chai-Teebeuteln, den Gewürzen und der restlichen Milch in einen kleinen Topf geben. Langsam zum Kochen bringen und 5 Minuten köcheln lassen. Den Topf vom Herd nehmen. Die Mischung vollständig abkühlen lassen, dann durch ein Sieb gießen.

Die eingekochte Milch (oder Kondensmilch) und die Gewürzmilch in eine Rührschüssel gießen. Die Sahne und den Inhalt der beiden restlichen Teebeutel dazugeben und das Ganze mit dem Handrührgerät aufschlagen, bis sich feste Spitzen bilden. Die Mischung in eine Gefrierdose füllen und für mindestens 6 Stunden ins Gefrierfach stellen.

Für den Krokant ein Backblech mit Backpapier auslegen. Den Zucker bei mittlerer Hitze in einer großen beschichteten Pfanne schmelzen lassen. Dabei nicht umrühren, sondern nur die Pfanne gelegentlich schwenken. Sobald der Zucker geschmolzen ist, die Cashewkerne mit dem Sesam und 1 kräftigen Prise Salz hineingeben und die Pfanne schwenken, bis alles mit dem Karamell überzogen ist. Auf das Backpapier gießen, abkühlen lassen und danach mit dem Nudelholz zerkleinern. Größere Krokantstücke verziere ich gerne noch mit Blattgold.

Das Eis 10 Minuten vor dem Servieren aus dem Gefrierfach nehmen und mit Cashewkrokant servieren.

7

KLEINE EXTRAS

Das letzte Kapitel ist den kleinen Dingen gewidmet, mit denen alles noch besser schmeckt, die allerdings etwas Zeit und Liebe erfordern: selbst gemachte Butter, Joghurt, Brühe, außerdem Konfitüre, Chutney – und nicht zu vergessen ein paar wohlschmeckende, beruhigende Tees zum Ausklang des Kochtags.

SELBST GEMACHTER JOGHURT

Wie man Joghurt herstellt, hat mir meine Großmutter schon sehr früh beigebracht. Aber während sie sich dabei ganz auf ihr Gefühl verlässt, verlasse ich mich auf ein Küchenthermometer. – Es klingt zwar vielleicht merkwürdig, aber um Joghurt selbst herzustellen, braucht man erst einmal einen fertig gekauften, um den Prozess in Gang zu setzen. Beim nächsten Mal können Sie dafür bereits einen Rest Ihres ersten selbst gemachten Joghurts nehmen.

ERGIBT 1 KILOGRAMM

–

1 l Vollmilch *(nach Möglichkeit Bio-Milch)*

2 EL Milchpulver *(nach Belieben, aber empfehlenswert, denn es macht den Joghurt cremiger)*

6 EL Naturjoghurt *(nach Möglichkeit ein Bio-Produkt)*

Zunächst die Gläser sterilisieren (wenn Sie kein großes Schraubglas haben, nehmen Sie mehrere kleine). Gläser und Deckel gründlich in heißem Seifenwasser waschen, gut abspülen und auf ein mit Backpapier ausgelegtes Backblech stellen bzw. legen. Bei den Gläsern auf ausreichenden Abstand achten. Das Blech dann für etwa 10 Minuten in den 140 °C heißen Backofen schieben. Wenn Sie ein Einmachglas verwenden, den Gummiring zum Sterilisieren in kochendes Wasser legen.

Die Milch bei mittlerer Temperatur in einem großen Topf mit schwerem Boden auf 82 °C erhitzen. Sobald sie die Temperatur erreicht hat, den Topf sofort von der Herdplatte nehmen. Das Milchpulver einrühren und die Milch auf 45 °C abkühlen lassen. Den Joghurt einrühren, die Mischung in die Gläser füllen und 5–6 Stunden warm halten, damit der Joghurt reifen kann. Sie können die Gläser dazu entweder in Geschirrtücher einschlagen oder Sie machen es wie ich und stellen sie in den ausgeschalteten, aber noch warmen Backofen. Nach 5–6 Stunden ist der Joghurt eingedickt. Die Gläser dann in den Kühlschrank stellen; nach weiteren 3 Stunden ist der Joghurt fertig.

Sie können zum Warmhalten auch eine Thermosflasche verwenden: Die Thermosflasche mit kochend heißem Wasser füllen, um sie vorzuwärmen. Das Wasser nach 5 Minuten wegschütten. Den Joghurt einfüllen und 7–8 Stunden in der Thermosflasche ruhen lassen. Anschließend in Gläser füllen und mindestens 3 Stunden kalt stellen.

LABNEH

Labneh ist nichts anderes als Joghurt, den man so lange abtropfen lässt, bis er die Konsistenz von Frischkäse hat. Das kann man mühelos zu Hause machen. Schmeckt mit Olivenöl als Vorspeise oder als Brotaufstrich zum Frühstück, mit Früchten und Honig sogar als Dessert.

ERGIBT 500 GRAMM

–

1 kg griechischer Joghurt

2 TL Meersalz

Den Joghurt in einer großen Schüssel mit dem Salz verrühren. Ein großes Stück Gaze einmal zusammenfalten und ein Haarsieb damit auslegen. Den Joghurt hineingießen, die Enden der Gaze zusammenfassen und zubinden. Den mit Joghurt gefüllten Gazebeutel im Kühlschrank aufhängen und eine Schüssel unterstellen, um die Molke aufzufangen. Wenn Sie nicht die Möglichkeit haben, den Beutel an einem Boden zu befestigen, legen Sie einen Kochlöffel über die Schüssel und hängen den Beutel daran auf. Oder Sie hängen ein Sieb über der Schüssel ein, legen den Gazebeutel hinein und beschweren ihn mit einem Gewicht (z. B. einer vollen Konservendose), das Sie auf einen Teller stellen. Am besten und cremigsten wird das Labneh allerdings, wenn man den Beutel aufhängt.

Die Gaze nach 24 Stunden entfernen; das Labneh ist dann servierfertig. In einem luftdicht verschlossenen Behälter kann es einige Wochen im Kühlschrank aufbewahrt werden. Wollen Sie es länger lagern, den Joghurt 36 Stunden abtropfen lassen, das Labneh dann zu Kugeln formen, in ein sterilisiertes Glas (siehe Seite 238) füllen und mit Olivenöl bedecken. Das Labneh ist so wochen-, ja sogar monatelang haltbar.

SELBST GEMACHTE BUTTER

Butter selbst herzustellen, ist einfacher als man glaubt. Und ich kann nur sagen: Es lohnt sich wirklich. Meine Mutter kaufte früher regelmäßig Vorzugsmilch beim Milchmann. Dann schöpfte sie den Rahm ab und füllte ihn in einen Frappé-Shaker, damit wir ihn zu Butter machen konnten. Das war für uns das Größte! Als Kind glaubte ich, der Frappé-Shaker hätte magische Kräfte. Heute denke ich, unsere Mutter war und ist einfach die Beste.

ERGIBT ETWA 450 GRAMM

–

12 Eiswürfel

1 kg Sahne *(die beste, die Sie finden können)*

Meersalz

Einen großen Krug mit kaltem Wasser füllen und die Eiswürfel hineingeben. Die Sahne in eine absolut saubere Rührschüssel geben und 6–7 Minuten mit dem Handrührgerät schlagen (oder in der Küchenmaschine, das ist weniger mühsam), bis sie in Butter und Buttermilch zerfallen ist. Dabei zunächst auf niedriger Stufe beginnen und die Geschwindigkeit allmählich erhöhen. Die Butter mit sauberen Händen oder einem feinen Sieb aus der Schüssel nehmen und die Buttermilch herauspressen (die Buttermilch nicht wegschütten, sie eignet sich hervorragend zum Brot- und Kuchenbacken oder für Dressings. Probieren Sie beispielsweise einmal die Hefebrötchen mit Kümmel und Honig von Seite 232 oder den Gartensalat von Seite 170).

Die Butter in eine große Schüssel geben und etwas Eiswasser darübergießen, um die Buttermilch abzuspülen. Die Butter mit den Händen zu einer Kugel zusammendrücken und das Wasser wegschütten. Den Vorgang so lange wiederholen, bis das Wasser klar bleibt. Mit Salz abschmecken – und fertig ist die selbst gemachte Butter. Ich forme meine Butter zu einer Rolle und wickle sie in Pergamentpapier. Man kann sie aber beispielsweise auch in einer Keramikdose aufbewahren.

KÜRBISKERNBUTTER

Keine Butter im eigentlichen Sinn, aber als alternativer Brotaufstrich für den Frühstückstoast erfreut sich aus Nüssen und Samen hergestelltes Mus wachsender Beliebtheit. Man kann es auch in Joghurt rühren oder als Grundlage für Dips verwenden. Selbst gemacht ist es deutlich preiswerter als fertig gekaufte Produkte. Ein vollwertiger Ersatz für echte Butter ist das natürlich nicht, aber es hat seine geschmacklichen Vorzüge – und sorgt dafür, dass wir mehr gesunde Fette zu uns nehmen.

ERGIBT ETWA 400 GRAMM

–

300 g Kürbiskerne

50 ml natives Olivenöl extra

3 EL Ahornsirup

einige Prisen Meersalz

Den Backofen auf 180 °C vorheizen.

Die Kürbiskerne auf ein Backblech streuen und 8–10 Minuten im Backofen goldbraun rösten. Anschließend herausnehmen, abkühlen lassen und 5 Minuten in der Küchenmaschine zu einer glatten Paste pürieren. Dabei den Rand der Rührschüssel immer wieder mit einem Spatel säubern. Zum Schluss die übrigen Zutaten unterrühren.

Die Kürbiskernbutter in ein Schraubglas füllen und im Kühlschrank aufbewahren. Probieren Sie sie einmal als Brotaufstrich, zum Dippen, beim Kuchenbacken …

ECHTE VANILLESAUCE

Über Vanillesauce muss man nicht viel sagen. Da hat jeder so seine eigenen Vorlieben. Ich mag sie am liebsten schön dick und cremig – und natürlich nur mit echter Vanille. Zur Apfel-Birnen-Pie mit Haselnusskrokant und Bourbon von Seite 204 kann ich mir gar nichts Köstlicheres vorstellen.

ERGIBT ETWA 600 MILLILITER

–

1 Vanilleschote

300 ml Milch

200 g Sahne

5 große Eigelb

1 EL Speisestärke

2 gehäufte EL Rohrohrzucker

Die Vanilleschote der Länge nach aufschlitzen und das Mark herauskratzen. Die Milch und die Sahne in einen Topf mit schwerem Boden gießen. Die Vanilleschote und das -mark hinzufügen und das Ganze bei schwacher Hitze langsam zum Köcheln bringen, aber keinesfalls aufkochen lassen.

In der Zwischenzeit in einer großen Rührschüssel die Eigelbe kräftig mit der Speisestärke und dem Zucker verrühren. Die Vanilleschote aus der Milch nehmen und die heiße Milch über die Eigelbmischung gießen. Dabei kräftig mit dem Schneebesen rühren, damit kein Rührei entsteht.

Die Vanillesauce anschließend in einen sauberen Topf gießen und bei schwacher Hitze unter stetigem Rühren eindicken lassen – sie darf dabei aber nicht aufkochen. Die Sauce ist fertig, wenn sie am Rücken eines Kochlöffels haften bleibt. In einen Krug füllen und sofort servieren. Wenn Sie die Sauce erst später servieren wollen, ein Stück Frischhaltefolie direkt auf die Oberfläche legen, damit sich keine Haut bildet. Soll sie noch einmal erwärmt werden, die Sauce in eine hitzebeständige Schüssel füllen und auf einem Topf mit siedendem Wasser setzen.

MEERSALZKARAMELL

Salziger Karamell ist vielseitig verwendbar und verleiht so manchem Kuchen und vielen Desserts das ganz gewisse Etwas.

ERGIBT ETWA 500 GRAMM

–

100 g Butter

225 g Zucker

130 g Sahne

1 TL Meersalzflocken *(ich mag besonders Maldon Sea Salt und Halen Môn)*

Die Butter in Würfel schneiden. Den Zucker bei mittlerer Hitze in einem breiten Topf mit schwerem Boden schmelzen. Dabei nicht umrühren (sonst kristallisiert der Zucker aus), sondern den Topf lediglich schwenken. Sobald der Zucker geschmolzen und ein goldgelber Karamell entstanden ist, die Butter hinzufügen und den Topf rasch und vorsichtig schwenken, bis die Zutaten vermischt sind. Die Sahne mit dem Schneebesen einrühren, den Topf vom Herd nehmen und das Salz unterrühren.

Den Karamell in eine Schüssel, ein Schraubglas oder eine Gefrierdose füllen und vollständig abkühlen lassen. Gut verschlossen ist er im Kühlschrank bis zu 2 Wochen haltbar.

KLASSISCHE BRÜHEN

Brühwürfel, die man eigentlich in jedem Küchenschrank findet, eignen sich ganz gut, um Eintöpfen, Suppen, Saucen und vielen anderen Speisen mehr Geschmack zu verleihen. Doch es geht einfach nichts über eine selbst gemachte Brühe. Bei der Herstellung kommt es weniger auf ein genaues Rezept als auf ein bisschen Gespür an. Deshalb werde ich Ihnen hier auch keine exakten Mengenangaben geben, sondern Ihnen etwas über Geschmack und Zubereitungsarten erzählen.

GRUNDZUTATEN

–

Ob man nun eine Gemüse-, Fisch-, Geflügel- oder Fleischbrühe zubereitet, was man vor allem braucht, sind Zutaten, die Aroma geben. Ich verwende stets grob gehackte geschälte **Zwiebeln, Möhren** und **Stangensellerie.** Außerdem benötigen Sie einige **Pfefferkörner** und ein **Kräutersträußchen** (ein paar Kräuter, die mit Küchengarn zusammengebunden werden). Für eine traditionelle Brühe eignen sich vor allem Thymian, Lorbeerblätter und Petersilienstiele, für eine asiatisch angehauchte Brühe bieten sich, je nachdem wofür Sie sie verwenden wollen, Kräuter und Gewürze wie **Korianderstiele, Zitronengras** und **Sternanis** an. Sehr zu empfehlen ist auch eine dicke Scheibe **Ingwer**.

GEMÜSEBRÜHE

–

Für Gemüsebrühe schwitze ich die Grundzutaten erst an, bevor ich das Wasser zugebe. Ich mache das vor allem, um ihnen einen intensiveren, leicht karamellartigen Geschmack zu verleihen. Etwas Olivenöl bei niedriger bis mittlerer Temperatur in einem großen Topf erhitzen und gehackte **Zwiebeln, Möhren** und **Sellerie** 10 Minuten darin glasig anschwitzen. Ich füge dann mit den **Kräutern** und den **Pfefferkörnern** (oder welche Gewürze Sie verwenden) gerne noch weiteres Gemüse, etwa eine in Ringe geschnittene Stange **Lauch**, eine Handvoll **Pilze** oder eine gehackte **Fenchelknolle**, hinzu und schwitze es einige Minuten an. Dann gieße ich 1 Liter Wasser an, lasse es aufkochen und lasse das Gemüse zugedeckt 1 Stunde bei schwacher Hitze köcheln. Die Brühe anschließend abkühlen lassen und dann durch ein Sieb gießen.

FISCHBRÜHE

–

Fischbrühe ist kinderleicht herzustellen. Geben Sie einfach 600 g **Gräten, Fischabschnitte** und/oder **Schalen von Krustentieren** in einen großen Topf, fügen die Grundzutaten hinzu (bei Fischbrühe ersetze ich eine Zwiebel gerne durch eine **Fenchelknolle**) und bedecken das Ganze mit reichlich kaltem Wasser. Aufkochen lassen, falls nötig abschäumen und 30 Minuten bei schwacher Hitze köcheln lassen (Fischbrühe nicht zu lange kochen, sonst wird sie bitter). Die Brühe anschließend durch ein feines Sieb gießen und abkühlen lassen. Konzentrierter wird die Brühe, wenn man sie bei mittlerer Hitze noch etwas reduziert. Im Kühlschrank hält sie sich bis zu 3 Tage, man kann sie aber auch einfrieren.

FLEISCHBRÜHE

—

Eine Fleischbrühe sollte einen intensiveren Geschmack haben. Deshalb röste ich die Knochen immer zuerst an. 1,3–1,5 kg **Fleischknochen** und Fleischabschnitte mit dem grob gehackten Gemüse (**Zwiebeln, Möhren** und **Stangensellerie**) in einen Bräter geben und für 40–45 Minuten in den 200 °C heißen Backofen schieben. Das Ganze mit den restlichen Grundzutaten in einen Topf füllen, mit kaltem Wasser bedecken und zum Kochen bringen. Falls nötig abschäumen und 5–8 Stunden bei schwacher Hitze köcheln lassen. Dabei darauf achten, dass die Knochen immer mit Wasser bedeckt sind und noch etwas Wasser nachgießen, falls nötig. Die fertige Brühe durch ein feines Sieb gießen und falls gewünscht bei mittlerer Hitze etwas einkochen lassen, um den Geschmack zu intensivieren. Nach dem Abkühlen in den Kühlschrank stellen (für bis zu 5 Tage) oder einfrieren.

GEFLÜGELBRÜHE

—

Für eine feine, helle Brühe 1,3–1,5 kg **Hähnchen- oder Truthahnknochen** und Abschnitte (hier können Sie auch die **Karkasse** vom Sonntagsbraten mitverwenden) mit den **Grundzutaten** in einen großen Topf geben, mit Wasser bedecken und zum Kochen bringen. Abschäumen und etwa 2 Stunden bei sehr schwacher Hitze köcheln lassen. Wenn die Flüssigkeit zu stark einkocht, noch etwas Wasser hinzufügen. Die Brühe anschließend durch ein feines Sieb gießen und abkühlen lassen oder bei mittlerer Hitze noch etwas reduzieren, damit sie konzentrierter wird. Die erkaltete Brühe im Kühlschrank aufbewahren (bis zu 5 Tage) oder einfrieren. Einen intensiveren Geschmack bekommt die Brühe, wenn man die Knochen wie bei der Fleischbrühe zunächst 35–40 Minuten im Backofen röstet.

PFIRSICHSIRUP MIT BASILIKUM

Mit diesem Sirup holen Sie sich den Sommer ins Glas. Mit Mineralwasser verdünnt und mit Eiswürfeln serviert ein perfekter Durstlöscher für heiße Sommertage, feiert er aber auch als alkoholfreier Partydrink große Erfolge.

ERGIBT 1 LITER

–

6 Pfirsiche

7 Bio-Zitronen

250 g Zucker

12 Stängel Basilikum, plus einige Blätter zum Dekorieren

Mineralwasser zum Servieren

Die Pfirsiche halbieren, entsteinen und in 2 cm große Stücke schneiden. In einen großen Topf geben und die Schale von 3 Zitronen dazureiben. Den Zucker einrühren, das Basilikum hinzufügen und 500 ml Wasser angießen. Bei mittlerer Hitze 5–10 Minuten köcheln lassen und rühren, bis sich der Zucker aufgelöst hat. Die Pfirsiche köcheln lassen, bis sie weich sind, sie sollten aber nicht stark kochen. Die Früchte anschließend mit dem Kartoffelstampfer zerdrücken und weitere 5 Minuten köcheln lassen, bis die Mischung etwas eingedickt ist. Vom Herd nehmen und beiseitestellen.

Die vollständig abgekühlte Mischung durch ein grobes Sieb in eine Schüssel gießen. Die Zitronen auspressen und den Saft unterrühren.

Den Sirup in einen großen Krug gießen oder in sterilisierte Flaschen abfüllen. Im Kühlschrank ist er so bis zu 1 Woche haltbar. Zum Servieren etwa 50 ml Sirup in ein Glas gießen (die Menge hängt von Ihrem persönlichen Geschmack und der Größe des Glases ab) und mit Mineralwasser auffüllen.

MEIN SPEZIAL-MINZTEE
KURKUMATEE MIT ZITRONE UND SCHWARZEM PFEFFER

Mein Spezial-Minztee wirkt beruhigend und wärmt durch und auch nach einer schweren Mahlzeit ist er genau das Richtige. Alle, für die ich ihn schon einmal gekocht habe, waren begeistert, und selbst meine Schwester, die Minztee eigentlich verabscheut, konnte ich damit bekehren. – Frische Kurkuma ist gar nicht so schwer zu bekommen, wie man meinen könnte. Man findet die orange-braunen Wurzeln, die ein wenig wie Ingwer aussehen, in guten indischen Supermärkten in der Gemüseabteilung. Unter der Schale, die man am besten mit einem Teelöffel abschabt, verbirgt sich leuchtend gelbes Fruchtfleisch (aber Vorsicht – es färbt!). Kurkuma enthält viel Eisen, das der Körper zur Bildung der roten Blutkörperchen braucht.

MEIN SPEZIAL-MINZTEE, FÜR 1 PERSON

–

2 Stängel Minze

1 TL Honig

1 TL Orangenblütenwasser

Die Minze in eine Tasse geben und mit kochend heißem Wasser überbrühen. Den Tee 1 Minute ziehen lassen, dann den Honig und das Orangenblütenwasser einrühren. Eine Wohltat nach dem Essen.

KURKUMATEE MIT ZITRONE UND SCHWARZEM PFEFFER, FÜR 1 PERSON

–

1 Stück *(2 cm)* frische Kurkuma

Saft von ½ Zitrone

1 TL Honig

1 kräftige Prise schwarzer Pfeffer

Die Kurkuma schälen und in eine Tasse reiben, die übrigen Zutaten dazugeben und mit kochend heißem Wasser überbrühen. Gut umrühren, damit sich der Honig auflöst. Wenn der Tee eine leuchtend gelbe Farbe angenommen hat, sollte er so weit abgekühlt sein, dass man ihn gut trinken kann.

ENGLISCHE GARTENBOWLE

Eine Cocktailparty ist toll, doch als Gastgeberin möchte man sich auf seine Gäste konzentrieren, anstatt am laufenden Band Drinks zu produzieren. Da kommt diese Bowle gerade recht. Sie schmeckt herrlich, ist leicht und erfrischend, und man kann ohne Weiteres gleich eine große Menge davon herstellen.

FÜR 14 PERSONEN

–

600 ml Sodawasser

1,5 l Apfelsaft

essbare Blüten *(nach Belieben)*, z. B. Rosenblütenblätter, Veilchen und Stiefmütterchen

250 ml Holundersirup

40 cl Gin

10 cl Limoncello *(Triple Sec eignet sich ebenfalls gut)*

3 Bio-Zitronen

½ Salatgurke

½ Bund Minze

Am Vortag das Sodawasser und den Apfelsaft kalt stellen. Und wenn Sie Ihrer Bowle einen ganz besonderen Touch verleihen wollen, können Sie noch ein paar Blüten-Eiswürfel herstellen. Dazu die Blüten (Sie können aber auch Minzeblätter oder Früchte wie Weintrauben, Stachelbeeren oder Erdbeeren nehmen) auf zwei Eiswürfelbehälter verteilen, mit abgekochtem kaltem Wasser aufgießen und ins Gefrierfach stellen.

Kurz bevor die Gäste kommen, den Holundersirup in einem großen Bowlengefäß mit Gin, Limoncello und Apfelsaft mischen. Die Zitronen in Scheiben schneiden und die Gurke mit dem Sparschäler in lange Streifen hobeln. Die Minzeblätter von den Stielen zupfen und alles zur Bowle geben. Mit dem Sodawasser aufgießen und die Blüten-Eiswürfel (oder einfache Eiswürfel) hineingeben.

Wer mag, kann die Bowle auch in große Krüge füllen und die Einlagen getrennt reichen, sodass sich jeder sein Glas selbst damit füllen und mit der vorgemixten Bowle aufgießen kann.

DUKKAH

Man findet diese ägyptische Gewürzmischung inzwischen zwar in vielen gut sortierten Supermärkten, aber sie lässt sich auch problemlos selbst herstellen. Man kann eigentlich alles, insbesondere aber Eier, damit bestreuen. Und ganz ehrlich: selbst gemacht schmeckt doch immer am besten.

ERGIBT ETWA 250 GRAMM

–

100 g blanchierte Mandeln oder Haselnusskerne *(oder eine Mischung aus beidem)*

100 g Sesamsamen

2 EL Kreuzkümmelsamen

2 EL Korianderkörner

1 TL Fenchelsamen

1 gehäufter TL Meersalz

1 EL frisch gemahlener schwarzer Pfeffer

Den Backofen auf 180 °C vorheizen.

Die Nüsse auf einem Backblech verteilen und etwa 4 Minuten im Backofen rösten, bis sie goldbraun sind. In eine Schüssel füllen und abkühlen lassen.

Den Sesam in einer Pfanne ohne Zugabe von Fett goldbraun rösten, in eine Schüssel füllen und abkühlen lassen. Kreuzkümmel, Koriander und Fenchelsamen etwa 1 Minute in der Pfanne rösten, bis sie ihr Aroma entfalten. Die Pfanne vom Herd nehmen.

Die Nüsse und Samen mit dem Salz und dem Pfeffer im Mörser oder in der Küchenmaschine grob zerkleinern – fertig ist das Dukkah!

SELBST GEMACHTER SENF

Ein selbst gemachter Senf gehört eigentlich in jede Küche, zumal die Zubereitung ein Kinderspiel ist. Er hält sich ewig und passt zu fast allem. Und ein großartiges Mitbringsel ist er obendrein.

ERGIBT ETWA 350 GRAMM

–

100 g Senfkörner *(ich nehme gerne verschiedene Farben)*

2 TL Meersalz

125 ml Weißwein oder Cidre

100 ml Weißwein- oder Apfelessig

1 großer Löffel flüssiger Honig

2 Stängel Estragon

Die Senfkörner in einer Schüssel mit Meersalz, Weißwein oder Cidre und dem Essig verrühren. (Achten Sie darauf, dass die Schüssel groß genug ist, denn die Senfkörner quellen auf.) Zudecken und 48 Stunden an einem lichtgeschützten Platz ruhen lassen.

Die Mischung mit dem Honig und den abgezupften Estragonblättern in die Küchenmaschine füllen und zu einer glatten Paste verarbeiten. Den Senf in ein sterilisiertes Schraubglas (siehe Seite 238) füllen, das Glas verschließen und in den Kühlschrank stellen. Den Senf vor dem Gebrauch mindestens 2 Tage ruhen lassen. Im Kühlschrank hält er sich mehrere Monate.

HERBSTLICHES CHUTNEY

Chutneys und Pickles esse ich für mein Leben gern – so gern, dass sie bei uns meist nicht alt werden und ich sie oft sogar direkt aus dem Glas löffle (mein Mann findet zwar, das sei nicht die feine englische Art, aber als Snack ist das allemal besser als ein Schokoriegel). Hier ein Grundrezept für ein Chutney, das Sie je nach saisonalem Angebot abwandeln können.

ERGIBT ETWA 1 KILOGRAMM

–

100 g Datteln

250 g Pflaumen

4 Knoblauchzehen

4 rote Zwiebeln

1 kg Äpfel und Birnen

3 EL Tamarindenpaste

1 Zimtstange

6 Gewürznelken

1 frisches Lorbeerblatt

1 TL gemahlener weißer Pfeffer

1 EL Meersalz

200 g Demerarazucker

150 g weißer Zucker

500 ml Apfelessig

Die Datteln und Pflaumen entsteinen. Die Datteln fein hacken, die Pflaumen in 1 cm große Stücke schneiden. Knoblauch und Zwiebeln schälen und fein schneiden. Äpfel und Birnen halbieren, das Kerngehäuse entfernen und das Fruchtfleisch in etwas größere Stücke schneiden als die Pflaumen.

Sämtliche Zutaten in einen großen Topf mit schwerem Boden füllen und bei mittlerer Hitze unter häufigem Rühren zum Kochen bringen. Sobald die Mischung zum Kochen kommt, die Temperatur reduzieren und das Chutney etwa 2 Stunden köcheln lassen. Dabei gelegentlich umrühren, damit nichts ansetzt. Um zu prüfen, ob das Chutney fertig ist, einen Kochlöffel über den Boden des Topfes ziehen. Das Chutney ist fertig, wenn sich die dabei entstehende Furche nicht mit Flüssigkeit füllt und das Chutney eine gleichmäßig dicke, marmeladenartige Konsistenz hat.

Das Chutney in sterilisierte Schraubgläser (siehe Seite 238) füllen und luftdicht verschließen. Man kann es dann sofort essen, noch besser schmeckt es allerdings, wenn man es 1–2 Monate an einem lichtgeschützten Platz ruhen lässt.

CHILIÖL

Ein gutes selbst gemachtes Chiliöl ist in der Küche unersetzlich, kann man damit doch selbst einfachste Gerichte wie gedämpftes Gemüse, eine Pizza oder Suppe aufpeppen. Hier meine Version, die sich durch angenehme Schärfe und eine leicht nussige Note auszeichnet. Unbedingt ausprobieren!

ERGIBT 500 MILLILITER

–

2 frische rote Chilischoten

4 Knoblauchzehen

1 EL Chiliflocken

1 TL Sichuanpfefferkörner

1 TL Meersalz

1 TL gemahlener schwarzer Pfeffer

1 EL Sesamsamen *(nach Möglichkeit eine Mischung aus schwarzem und weißem Sesam)*

500 ml geschmacksneutrales Öl *(am besten eignet sich Raps- oder Erdnussöl)*

Die Stiele der Chilis entfernen und die Schoten grob hacken. Die Knoblauchzehen schälen und beides mit den Chiliflocken, dem Sichuanpfeffer, Salz und schwarzem Pfeffer in der Küchenmaschine fein zerkleinern. Mit dem Sesam in einen Topf geben und das Öl darübergießen. Das Ganze 10 Minuten bei niedriger Temperatur erhitzen, bis die Zutaten goldbraun geröstet sind.

Das Öl vollständig abkühlen lassen, in eine saubere Flasche füllen und luftdicht verschließen. Das Chiliöl ist mehrere Monate haltbar.

BEERENKONFITÜRE AUS DEM OFEN

Meine Konfitüren stelle ich nur noch auf diese Weise her. Die Methode ist wesentlich einfacher und unkomplizierter als die traditionelle Art des Einkochens und durch das Garen im Ofen bekommt alles einen besonders intensiven Geschmack, dem man nicht widerstehen kann.

ERGIBT ETWA 1 KILOGRAMM

–

1 kg gemischte Beeren

650 g Rohrohrzucker

1 Vanilleschote

1 Zitrone

Den Backofen auf 180 °C vorheizen.

Erdbeeren entstielen und größere Früchte halbieren, sodass alle Beeren etwa die gleiche Größe haben. Die Beeren in einer ofenfesten Form verteilen und mit dem Zucker bestreuen. Die Vanilleschote der Länge nach aufschlitzen, das Mark herauskratzen und auf den Früchten verteilen. Die Zitrone halbieren, über den Beeren auspressen und alles gut durchmischen. Die Vanilleschote darauflegen und die Form in den Ofen schieben.

Die Früchte nach 30 Minuten mit dem Kartoffelstampfer zerdrücken, umrühren und die Form für weitere 30–40 Minuten in den Ofen schieben, bis die Masse deutlich zusammengefallen ist. Die Garzeit hängt vom Saftgehalt der Früchte ab. Deshalb alle 10 Minuten prüfen, ob die Konfitüre bereits fertig ist. Die Form aus dem Ofen nehmen und die Beeren nochmals zerdrücken. Die Konfitüre in sterilisierte Schraubgläser (siehe Seite 238) füllen, luftdicht verschließen und abkühlen lassen. Ungeöffnet ist die Konfitüre mehrere Monate haltbar. Angebrochene Gläser im Kühlschrank aufbewahren.

REGISTER

–

A

B

I

J

K

L

M

N

T

U

V/W

Z

Es mag abgedroschen klingen, aber mit diesem Buch hat sich für mich tatsächlich ein Traum erfüllt. Es zu schreiben war gleichzeitig beflügelnd und sehr emotional.

Die Vorstellung, dass irgendwo auf der Welt jemand nach einem meiner Rezepte kocht und meine Gerichte genießt, haut mich schier um. Deshalb möchte ich allen, die dieses Buch gekauft haben, und allen, die mich auf meinem Weg begleitet haben, Dank sagen:

Pete, du bist einfach unglaublich und es ist schön, dich an meiner Seite zu haben. Danke, dass du immer ein offenes Ohr für mich hattest, dass du dir meine wilden – guten und schlechten – Ideen angehört hast. Dass du meine Gerichte probiert hast, selbst wenn du schon kurz vor dem Platzen warst. Du bist mein Fels, und ohne dich und deine Unterstützung hätte ich das alles nicht machen können. Ich liebe dich.

Rowan, danke, dass du es mit mir versucht hast und dass du verstanden hast, was ich sagen wollte. Und für all dein Wissen und die harte Arbeit. Mir gefällt, was wir zusammen geschaffen haben, und ich schätze mich sehr glücklich, dass ich so viel kreative Freiheit hatte.

Ich danke Laura Edwards, dem Mädchen mit der Vision – wer hätte vor all den Jahren, als wir beide noch ambitionierte Assistentinnen waren, gedacht, dass wir eines Tages zusammen Bücher machen würden! Danke für dein Engagement und dafür, dass du dein ganzes Können in dieses Buch investiert hast. Bei deinen Bildern fehlen mir die Worte – und wir beide wissen, das kommt nicht oft vor. Für mich bist du die Größte. Isla, jetzt, wo die Aufnahmen vorbei sind, habe ich das Gefühl, als fehlte mir etwas. Danke, dass du eine so hervorragende Assistentin/rechte Hand warst und eine so wunderbare Freundin bist. Und der ganze nette Rest des Fototeams – Kendal, Vinny, Sam, Abi und Anna: vielen Dank für euer Engagement und eure Begeisterung. Die Shooting-Tage waren für mich mit die schönsten. Und du, Anna, warst die beste Requisiteurin, die mir je begegnet ist!

Adrienne, ich weiß es wirklich zu schätzen, dass du bereit warst, an diesem Buch mitzuarbeiten. Du bist ein erstaunliches Talent. Ich kann kaum fassen, wie viele Freudentränen bei der Auswahl der Schriften und beim Anschauen der fertigen Seiten geflossen sind! Danke, dass du das alles so wunderbar gemacht hast.

Annie Lee, mit dir an Bord wusste ich mich in guten Händen! Danke für deine Begeisterung. Susannah Otter und Marion Moisy – danke, dass ihr alles so sorgfältig unter die Lupe genommen habt, danke für eure Begeisterung (und dafür, dass ihr in eurer Freizeit auch noch die Gerichte getestet habt!). Die Zusammenarbeit mit euch allen war wunderbar.

Elly James und Heather Holden-Brown, den nettesten Agentinnen, die man sich wünschen kann. Danke, dass ihr hinter mir gestanden und mir geholfen habt, meinen Weg zu finden. Claire Postans danke ich, dass sie mich all die Jahre angespornt und ermutigt hat und eine so wunderbare Freundin ist. Deine Freundschaft bedeutet mir unendlich viel.

Ich danke meiner tollen Arbeitsfamilie – Jamie Oliver, danke für deine Unterstützung in all den Jahren und dafür, dass du ein so fantastischer Chef und Mentor bist. Es ist wirklich eine Ehre, mit dir arbeiten zu dürfen, und ich habe dir so viel zu verdanken. Ginny Rolfe, danke, dass du mein Potenzial erkannt und mir alles beigebracht hast, was du weißt – du bist die Königin des Stils! Laura Matthews, danke, dass du dir die Zeit genommen hast, das Buch mit mir durchzugehen – und dass du mich über die Risiken von Kokosfett aufgeklärt hast! Abi Fawcett, Sarah Tildesley, Christina Mackenzie, Phillippa Spence, Jodene Jordan, Maddie Rix, Elspeth Meston, Rachel Young, Jo Lord, Rebecca Verity, Pete Begg, Bobby Sebire, Helen Martin, Laura James, Athina Andrelos und Else Grant, ihr seid das absolute Dreamteam und wunderbare Freunde – ich danke euch. Danke auch an meine entferntere Arbeitsfamilie: Jools Oliver, Gennaro Contaldo, David Loftus, Anna Jones, Andy Harris, April Bloomfield. Danke für eure Ermutigung und eure Freundschaft. Es ist ein großes Privileg, mit euch arbeiten zu dürfen.

Sarah und Ewan, ihr wart unglaubliche Tester und für alles zu haben! Dank auch an meine Mutter, Rozzie, Holly, Sarah T, Jo, Lulu, Rebecca, Christina – meine ganze wunderbare Familie und meine wunderbaren Freunde, die meine Rezepte in ihrer Freizeit getestet haben. Ihr habt einen unschätzbaren Beitrag geleistet – ich stehe tief in eurer Schuld. Und Holly, du bist nicht nur eine fantastische Freundin und Testerin, mit dir kann man sich auch so herrlich übers Essen unterhalten.

Claire Cain, Laura McKendry, Emma Byrne, Hannah Galvin-Horne, Sophia Brown, Nicole Bacchus – ihr seid die besten Freundinnen, die man sich nur wünschen kann. Ich weiß nicht, was ich ohne euch machen würde.

Jo und Daf, Trish Ashton, Jenny Halse und all die inspirierenden Menschen, denen ich auf meinem Weg begegnet bin. Menschen zu haben, an die man sich wenden kann, ist etwas unschätzbar Wertvolles. Ihr alle habt mir geholfen, nicht unterzugehen, und ich finde euch einfach toll.

Daisy Cooper, danke, dass du mir die vielen herrlichen Keramiken für mein Buch zur Verfügung gestellt hast (ich bin nach wie vor dein größter Fan). Dank an Gill von der Sytch Farm für all deine Hilfe und an Sophie von Grain and Knot, danke für die herrlichen Löffel.

Ein besonderer Dank geht an meine Familie. Danke, dass ihr meine Ideen nie für zu verrückt gehalten habt, dass ihr mich immer wieder aufgebaut habt und für eure bedingungslose Liebe. Mum, ich danke dir, dass du immer mit uns gekocht hast. Würdest du Kuchen nicht so sehr mögen, würde ich vermutlich nicht so gerne backen! Dad, danke für deine konstruktive Kritik! Lulu, danke für deine Unterstützung und dafür, dass du mir immer den Rücken stärkst. Yiayia, Bahpoo, Lala und Cassie – danke, dass ihr in all den Jahren immer wieder als Versuchskaninchen hergehalten habt. Wir sind eine starke Truppe. Dank auch an meine entferntere Familie: Carl, Heather, Adam, Myles und Clara. Danke, dass ihr mich mit offenen Armen aufgenommen habt. Und schließlich danke Archie – durch dich habe ich mehr über die Welt gelernt, als ich dir jemals hätte beibringen können.

ÜBER GEORGINA HAYDEN

Georgina ist Köchin, Kochbuchautorin und Foodstylistin und lebt in London.

Sie wuchs in Tufnell Park über der griechisch-zypriotischen Taverne ihrer Großeltern auf. Durch die Rezepte, die sie an Georgina weitergaben, entwickelte sich ihre Liebe zum Kochen. Diese Leidenschaft war es auch, die sie nach einem Kunststudium dazu bewog, als Autorin und Stylistin für verschiedene Food-Magazine zu arbeiten. Seit mehr als zehn Jahren gehört sie zum Team von Jamie Oliver. Sie entwickelt, schreibt und gestaltet Beiträge für Zeitschriften, Bücher, Fernsehsendungen und Werbekampagnen.

Inspirationen für ihre Arbeit holt sich Georgina unter anderem auf Reisen. Und ob sie auf der Suche nach Streetfood durch die Welt reist, auf Flohmärkten nach Requisiten stöbert oder mit der Kamera durch London radelt – all diese Food-Abenteuer dokumentiert sie in ihrem Blog. *Feel Good Kitchen* ist ihr erstes Kochbuch.

DK | Penguin Random House

Für die deutsche Ausgabe:
Programmleitung Monika Schlitzer
Redaktionsleitung Caren Hummel
Projektbetreuung Sarah Fischer
Herstellungsleitung Dorothee Whittaker
Herstellungskoordination Arnika Marx
Herstellung und Covergestaltung Sabine Hüttenkofer

Titel der englischen Originalausgabe:
STIRRING SLOWLY

Die Originalausgabe erschien 2016 in Großbritannien bei Square Peg, einem Imprint von Vintage Publishing. Vintage Publishing ist ein Unternehmen der Penguin Random House Group.

Design Adrienne Pitts
Fotografie Laura Edwards
Requisite und Foodstyling Georgina Hayden
Fotoassistenz Isla Murray

Übersetzung Barbara Holle
Lektorat Carmen Söntgerath

ISBN 978-3-8310-3261-7

Druck und Bindung RR Donnelley Asia Printing Solutions Limited, China

MIX
Papier aus verantwortungsvollen Quellen
FSC www.fsc.org
FSC® C101537

Besuchen Sie uns im Internet
www.dorlingkindersley.de

Hinweis
Die Informationen und Ratschläge in diesem Buch sind sorgfältig erwogen und geprüft, dennoch kann eine Garantie nicht übernommen werden. Eine Haftung der Autoren bzw. des Verlags und seiner Beauftragten für Personen-, Sach- und Vermögensschäden ist ausgeschlossen.